JN008843

親といるとなぜか苦しい

「親という呪い」から自由になる方法

リンジー・C・ギブソン
岡田尊司 監訳
岩田佳代子 訳

東洋経済新報社

Adult Children of
Emotionally Immature Parents
by Lindsay C. Gibson

監訳者のことば

一見「普通の家庭」、その中に潜む生きづらさから抜け出す

精神科医　岡田尊司

親との関係で苦しんでいる人が、驚くほど増えている。

本来であれば、だれよりも信頼でき、愛情やなぐさめを与えてくれるはずの存在である親が、まるで背負わされた十字架か、鋼鉄の足かせのように、その人の自由を奪い、文字どおり足を引っ張っている状況も珍しくない。

その支配の始まりは、無力だった幼い時代にさかのぼる。

小さな子どもにとって、親は神のような存在だ。衣食を満たしてくれるだけでなく、なぐさめや安心など、生きていくために必要なものすべてを与えてくれ、守ってくれる存在であるだけでなく、この世のルールを定め、それに反すると裁きや罰をくだすこともある。

それが、厳しい罰であろうと、その正しさは、疑う余地もない絶対のものだ。怒りをかい、罰を受けたのは、自分が間違ったことをしたからだ。

ときには親の裁きに不服があって歯向かうこともあるが、しょせん勝ち目がないこともわかっている。神である親が間違うはずがなく、間違ったことをしたのは、この自分のほうだと、心のどこかで思っているからだ。

だが、健全な成長を遂げた場合、通常、子どもはしだいに親も、神どころかただの人間で、始終間違ったこともすれば、おかしなところも持っているということに気づき始める。

親の愛を求めるがゆえに傷つく

ほどよく愛され、ほどよく満たされながら、バランスよく成長した人では、10代に入るころから、こうした気づきが生まれ、親を客観視できるようになっていく。

ところが、愛情不足の中で育ったり、溺愛や支配を受けて育った人では、親を求める気持ちが通常以上に長く残り、親の心理的支配がいつまでも続いていたり、親がわりの存在を求めてしまったりする。

親に反発し怒りをぶつけている場合でさえも、心の中では、親に愛されたいという思いを引きずっている。愛されたい気持ちが裏返って、怒りや攻撃となっているが、それも、形を変えた愛情を求める気持ちなのだ。

求めれば求めるほど裏切られ傷つくという状況が、親子関係で苦しむ人に共通するジレンマだ。

親子関係で悩んでいる人には、ある傾向がみられる。思いやりや気持ちを汲み取る能力が高い人ほど、その苦悩が深まりやすいということだ。愛着スタイルでいうと「不安型愛着スタイル」と呼ばれるタイプが、それに該当する。このタイプの人では、親に対する気持ちも強い分、親から受けたつらい仕打ちや傷つけられた体験を長く引きずりやすい。

逆に、人の気持ちに無頓着だったり、情緒的なことには関心が薄い人は、明らかに不適切な養育を受けた場合でも、そこまで悩んでいない。そのタイプの人に、親について尋ねると、たいてい「普通でした」とか、「何も問題はありませんでした」という答えが返ってくる。

だが、少し踏み込んで話を聞いてみると、親との楽しい経験を何ひとつ思い出せなかったり、全然かまってもらえていなかったりする。

こちらは「回避型愛着スタイル」と呼ばれるタイプで、他人の愛情や世話を期待しない分、愛されなかったことに苦しむこともあまりない。そういうことをそもそも考えないし、愛情といった当てにならないものには、大して価値を置かない。

子どもの気持ちに無関心で、優しい愛情に欠けた親に育てられた場合、子どもも同じような特性をもつほうが、情緒的に安定し、苦しまないですむということが、経験的にも、あるいは遺伝子レベルの研究でも裏づけられている。

親が、人の気持ちに対する感受性が乏しい遺伝子タイプをもつ場合、子どもも同じ遺伝子タイプをもつほうが精神的に安定しているのだ。逆に、**子どもだけが、感受性の高い遺伝子タイプをもった場合、子どもは苦しむ**ことになってしまう。

感受性が高い人ほど苦しむという悲劇

親子関係で苦しむ状況は、親子間のこうしたミスマッチによって、余計に強まりやすいといえる。こうした状況は、夫婦間でも起きることが、よく知られるようになった。カサンドラ症候群だ。

妻が感受性の豊かな安定型や、感受性の過剰な不安型で、夫が気持ちに無関心な回避型という組み合わせの場合、妻は最愛の伴侶であるはずの存在と気持ちを共有することができず、精神的にネグレクトされた状態に置かれる結果、心身の不調をきたしてしまう。
それと同じことが、感受性の低い、気持ちを汲み取れない親と感受性の高い子どもという組み合わせでは起きてしまうのである。

本書では、気持ちに共感したり感情をコントロールしたりすることに困難があり、安全基地になることができない親に対して、「精神的に未熟な親（Emotionally Immature Parents）」という表現を用いているが、不幸にして、そうした親を持った子どもに、どういう悲劇的な事態が起き、どういう影響が生じるかを多数の具体例から描き出している。さらに、どのようにして、その状況を脱していけばいいのかについても、詳しく述べられている。

こうした問題は、本書の監訳者である私自身が『愛着障害――子ども時代を引きずる人々』（光文社新書）や『母という病』（ポプラ社）で扱ってきたテーマであるが、ちょうど同じころ、本書は、アメリカで出版され、現在も読み続けられ、同じくロングセラーとなっているという状況は、親子関係の崩壊という点でも、それについての認識という点でも、日本と欧米の差がなくなり、逆転さえ生じつつあることを示しているといえるだろう。

「1つの答え」を見つける本

本書の特徴は、初期の私自身の著書と同じく、**親側の課題を客観視することで、自分に非を背負わせるのではなく、その重荷から解放されることに力点を置いている**ことである。

それは、最終的なゴールではないかもしれないが、親との関係に苦しんでいる人にとって、まずは達成しやすい第一歩であり、それによって問題を自覚し、救われる人も少なくないのではないかと思う。ことに多くの実際のケースが盛り込まれているので、そこからもさまざまなヒントに出会えるだろう。

「精神的に未熟な親」という言い方は、あまり医学的に正確な言い方ではないという誹りを免れないだろうが、実際に、そうした親に育てられたり、何らかの形でかかわった人たちには、ある意味、しっくりとくるという実感を持たれるかもしれない。

「毒親」というもっと強烈な表現がすっかり有名になってしまったが、その言葉の感情的な毒気が、親側の課題をむしろ見えにくくしてしまっている。その表現よりは、親側が抱える課題を端的に指し示しているともいえるだろう。

「精神的に未熟な親」という言い回しに、よくぞ言ってくれたと感じる方や何か気になるものを感じられる方は、おそらくご自分の中にわだかまっている問題に対する1つの答えを、本書にみいだされるに違いない。

親の抱える課題や限界を客観的に知ることは、一時的に親と距離を取ろうとしたり、親に対して批判的になったりする段階を引き起こすだろうが、それは、より対等で、成熟した親子関係にいたるために必要なステップなのである。

それは、親を責めるためというよりも、自分が適切に愛されなかったことについて、子どもなりにその背景を理解し、親の課題や限界も含めて、受け止めることができるようになるためのプロセスなのである。

だれも親を憎みたいわけでも、攻撃したいわけでもない。
たとえ適切に愛されなかったとしても、そうなってしまった納得のいく理由を見つけ出すことで、親を憎まないでいいようになりたいだけなのである。

そうした切ない思いに、本書が応えることを願っている。

はじめに

「私の家はどうしてこうなの？」を抱えているすべての人たちへ

リンジー・C・ギブソン

「大人は子どもよりも成熟している」と当然のように考えられている。だが、感受性豊かな子どもが生まれ、その子が数年のうちに親——何十年たってもいっこうに成熟しない大人——よりもずっと精神的に大人に成長してしまったら、どうだろう？

精神的なネグレクトが起こるかもしれない。親のネグレクトは目には見えないが、子どもにとって体の機能が失われるのと同じくらいリアルな問題で、精神的な孤独へとつながりかねない。さらに、子どもの対人関係やパートナー選びにもかかわってくるかもしれない。

本書では、**精神的に未熟な親がその子ども、それも特に感性豊かな子どもにおよぼす影響**について述べていく。親からこうむるつらい思いや混乱から、どうやって子どもは自力で立ちなおっていけばいいのだろうか。

精神的な成熟には、個人によって差がある――このことを理解するだけで解決の糸口になる。

ほかの人たちが愛情や親密なつながりを誇らしげに語るのに、なぜ自分は孤独を感じるのか。

自分は家族と仲よくしようとするだけで、傷ついたり無力感にさいなまれたりするのはなぜだろう。

また、「精神的な未熟さとはどういうものなのか」を理解することで、他人に対して、もっと現実に即した期待を抱けるようになるかもしれない。相手の無反応に傷つくのではなく、相手の精神的なレベルに応じた関係を受け入れていけるようになるのだ。

専門家の間ではもうずいぶん前から言われていることだが、「精神的に未熟な親からの自立」こそが、心の平安と充実した自分をとり戻す方法だ。

しかし、どうすれば精神的に自立できるのだろう？

それにはまず、自分が今抱えている問題を理解することだ。

世の中には「毒親」といわれる親についての書籍があふれているが、彼らの愛情に限界があることの理由説明という面では不十分だ。

本書では、その欠けている部分を補いながら、「精神的に未熟」というのはどういう状態なのか説明していく。そうした親に見られる特徴が理解できれば、自分の親とどの程度の関係が築けるのか、あるいは築けないのかが判断できるだろう。

そしてもっとも大切なのは、自身の問題である。**いつまでも変わろうとしない親に合わせるのではなく、本当の自分を大切にして生きていけるようになれる**のだ。

親の精神的な未熟さを理解すれば、自分が精神的な孤独からも解放される。親からのネグレクトの原因は子どもである自分ではなく、親自身にあるのだから。

親という存在を客観視できず、社会の固定観念によって、真理がみえなくなってしまうこともある。それはあまりに残念だ。

精神的に未熟な親を持つすべての人のとまどいや精神的な苦しみ、それらをとりのぞくことができれば幸いである。

contents

2 親の「心理」と「行動」を見抜く

3 「精神的に未熟な親」がとなりにいるとき

4 精神的に未熟な親「4つのタイプ」

5 重荷を背負い、乗り越えてきた人生

6「1人でがんばる」のをやめる方法

7 回復がスタートする「小さな瞬間」

8 人に巻きこまれず、新しい関係をつくる

9 あなたが手にしている「9つの自由」

10 「本当に大切にすべき人」の見極め方

Check List

あなたの子ども時代は？

精神的に未熟な親を持った子どもたちは、
おそらく次のような経験をしてきただろう。
自分の子どものころを少し振り返ってみてほしい。
これらの項目に複数当てはまれば、「精神的に未熟な親のもとで育った」といえる。

- □親に自分の話を聞いてもらえなかった。
  親が自分としっかり向き合ってくれたことはほとんどない
- □親の機嫌が家の雰囲気を左右した
- □子どもの気持ちなど思いやってくれなかった
- □つねに親の気持ちを察していなければいけない気がした
- □何をしても、親に心から喜んでもらえたことはなかったと思う

□親が子どもを理解しようとする以上に、親を理解しようとがんばっていた

□親と心を開いて素直に話すなど難しいか、とうてい無理だった

□「自分の決められた役割を果たすこと。その役割から外れてはならない」。
それが親の考えだった

□子どものプライバシーに口をはさみ、尊重してくれないことがよくあった

□親から、神経過敏で感情的な子どもだと思われている気がしていた

□親がえこひいきした

□親は、耳の痛いことを言われると、そこから先は聞く耳を持たなかった

□親のそばにいると罪悪感を覚えたり、自分はつまらない人間、
できが悪い子だと感じたり、恥ずかしい思いをすることがよくあった

□子どもとの間で問題が起きても、
親は謝ったり、その状況をなんとかしようとすることなどまずなかった

□親にぶつけられない怒りが心の中に積もっていた

1

「精神的に未熟な親」が子どもの人生に与える影響

「ぽっかりと穴があいたような」さみしさ

自分のことしか考えない親にかまってもらえなかった子どもが、幼少期に孤独におちいり、大人になって苦しむことがある。孤独がずっと続いているようなら、子どものころに精神的な世話をきちんとしてもらえなかった可能性が考えられる。

こうした親の行動は、一見ごくふつうであることも多い。子どもの健康を気にかけ、食事もきちんと与え、安全にも気を配っている。だが、子どもとの間にしっかりとした精神的な絆を築いていないと、子どもは心から安心することができない。

親にかまってもらえないために味わう孤独の痛みは、体の傷の痛みとなんら変わらない。表に現れないだけだ。

精神的な孤独は自分の中の感覚なので、判断や説明が難しい。「むなしい」とか、「寄る辺ない気持ち」と表現されるかもしれない。「実存的孤独」と言われることもある。

理由のわからない孤独を感じているとしたら、その原因はおそらく「家族」にある。

子どもには、親と精神的に親密な関係が築けていないことを訴える術がない。そもそもそういう概念がない。

さらには、**自分の親が精神的に未熟だと理解することも難しい**。ただ直感的にさみしさを感じる。それが子どもの経験する孤独だ。精神的に成熟した親のもとでなら、子どもは孤独を感じても、親のそばに行けば、たっぷりの愛情を与えてもらえ、絆を実感できる。

だが、親が愛情を与えることをためらうと、子どもには、安心感を求めたことを後ろめたく思う気まずさが残る。

精神的に未熟な親のもとで育った子どもは、表面的にはごくふつうの大人に成長していたとしても、心の真ん中にはぽっかりと大きな穴があいたままだ。

子どものときにおちいった孤独をずっと抱えたまま進学し、就職し、結婚して子どもを育てている。大人になっても心の中に居座っている孤独感に悩まされるのだ。

「心満たされる親密さ」とは何だろう

なんでも話せる相手、どんな感情も丸ごと受け止めてくれる相手が自分にはいると信じられること。そんな精神的な親密さがわれわれには必要だ。そういう相手なら、たわいない話をしたり、顔を見合わせたり、あるいはただ黙っていっしょにいるだけでも気持ちが通じ合い、安心して心を開ける。

精神的に親密なら、大いに心は満たされる。本当の自分をみてもらえているという気持ちにもなる。ただし、こうした親密さは、相手がこちらを決めつけようとしているときには生じない。あくまでも、こちらを知ろうとしてくれているときにのみもたらされる。

子どもは、保護者との精神的なつながりがあって初めて、安全を感じることができる。親と精神的にしっかりつながっている子どもは、いつでも安心していられる。

成熟している親は、自分自身をきちんと認識しているので、自分の感情はもとより、子どもの気持ちに寄り添える。

彼らは子どもの気持ちを察し、真剣に受け止める。だから子どもは安心して、なぐさめてもらったり、喜びを伝えたりできる。親は自分といっしょにいることを楽しんでいて、自分の気持ちをぶつけても大丈夫だと思えるのだ。

こういう親は、生き生きとして、バランスがとれ、豊かな感情を持って生活している。いつも変わることなく子どもに気を配り、関心を向けている。つまり精神的に安定しているのだ。

子どもの気持ちを「平気でスルー」する

対して精神的に未熟な親は自分のことしか考えないので、子どもが心の内で抱えている思いに気づかない。加えて、子どもの気持ちにとり合わず、精神的に親密になることをいやがる。**自分自身の精神的な欲求にすらとまどうので、子どもを精神的にサポートする方法もわからない。**

そういう親は、子どもが感情を持てあますと、どうしていいかわからずに怒り、なぐさめるかわりに罰を与えることすらある。こうした反応が、親に助けを求めたいという子どもの本能的な思いを抑えつけ、精神的なつながりを持つための扉を閉ざしてしまう。

親のどちらか一方、あるいは2人ともに未熟で、子どもを精神的にサポートできなかった場合、子どもは親に寄り添ってもらっていないと感じながらも、なにが問題なのかは、はっきりとわからない。

心にぽっかり穴があいたみたいだとか、独りぼっちでモヤモヤした気持ちだと思うかもしれない。心の触れ合いがなければ、こうしたむなしさを覚えるのは正常な反応で、だれにでもみられるものだということさえ、子どもは知る由もないのだ。

こうした精神的な孤独についてよく理解してもらうために、2つの例をみていこう。2人とも、子どものころに経験した孤独感を鮮明に覚えていて、悩みを相談に来た。

心を閉ざし続けた末路

Dさんは、わたしが「そんな家族のもとで育ってきたら、さぞかしさみしかったでしょう」と言うと、こう答えた。

「とてもさみしかったです。実際、ぼくの存在なんてないようなものだったんです。でも、それがふつうだと思っていました。うちの家族はみんなバラバラでそれぞれがそれぞれの人生を勝手に生きていて、心が触れ合うことなんてなかったんです。高校生のころはよく、大海にぽつんと浮かんでいる自分を想像しました」

孤独感についてさらに聞くと、Dさんは言った。

「むなしかったし、自分は存在していないんだ、と。たいていの人はそんなふうに思わないなんて知りもしなかった。でも、ぼくにとっては、当たり前の感覚だったんです」

だれも何も教えてくれないの？

Lさんも同様の孤独感を経験していた。昔住んでいた家の外で、引越し業者のトラックのそばに立っていたときだという。当時Lさんは7歳。かたわらに両親も、3人の兄たちもいたのに、だれからも話しかけてもらえず、とてつもない孤独を感じたという。

「家族とその場にいたのに、だれも、なぜ引っ越すのかを話してくれなかったんです。いったいなにが起きているのか、自分だけがとり残されたみたいな気持ちでいっぱいでした。自分が空っぽになったような感じだったのを覚えています。でも、家族にきく気にはなれませんでした。わたしにとって、いないも同然でしたから。そんな人たちに胸の内を話すなんて、怖くてとてもできません。だから思ったんです、これは、わたしがひとりでどうにかしなくちゃいけないことなんだって」

こうした精神的な苦痛や孤独は、実は健全なメッセージだ。

ここで紹介した2人の事例では、不安を覚えたからこそ、自分たちには精神的なつながりが必要なのだとわかった。ただ、そんな不安を両親に気づいてもらえなかったために、自分の胸の内にとどめておくしかなかったのだ。

しかし、自分の感情を閉めださず、その声に耳を傾けるようにすれば、その声が他者とのしっかりとしたつながりへと導いてくれる。つまり、精神的な孤独の原因を知ることが、より充実した関係をみいだしていくための一歩なのだ。

手のかからない大人びた子どもが、実は……

精神的な孤独を経験する子どもは、どんなことをしてでも親とのつながりを持とうとする。

こうした子どもたちは、関係を築く代償として、自分の気持ちよりもまず相手のニーズを優先することを学ぶことがある。つまり、自分に関心を持ってもらうことを期待するかわりに、**相手を助ける役割を率先して引き受け、自分には精神的に求めることなどないと周囲に思わせてしまう**のだ。

悲しいかな、こういった行為がさらなる孤独をもたらすことがしばしばある。自分に必要なニーズを押し隠すことで、相手と心からつながることができなくなってしまうからだ。

親からじゅうぶんにサポートしてもらえず、親とのつながりが持てず、精神的に恵まれなかった多くの子どもは、とにかく早く大人になりたがる。

精神的な孤独を解決するには、急いで成長し、自立するにかぎると考えるのだ。彼らは実際の年齢以上に大人びてみえるようになっていくが、胸の奥のさみしさは消えない。

彼らはまだ若いうちに、進んで大人の仲間入りをすることが多い。できるだけ早く仕事に就いたり、性に対しても積極的になったり、早々に結婚したり、軍隊に入隊したりする。まるで、もう自立しているのだから、早く大人になったぶん、好きにしていいじゃないか、と言っているようだ。

彼らは大人になるのを楽しみにしている。大人になれば自由に過ごすことも、自分の居場所を手にする機会も得られると信じているのだ。

しかし残念ながら、親元を離れるのを急ぐあまり、まちがった相手と結婚したり、他人に利用されても我慢したり、得るよりも失うもののほうが多い仕事を引き受けてしまうことがある。

社会に出ても、精神的な孤独を感じることをよしとしてしまうことがある、孤独が当たり前になってしまったからだ。

なぜ世代を超えてくり返されるのか

親と精神的なつながりが持てないことがつらかったのに、大人になっても、同じように心くじかれる関係におちいってしまう人が多いのはなぜだろう?

わたしたち人間の脳のもっとも原始的な部分は、安全は親密な関係の中にあると教えている(ボウルビィ、1979年)。

またわたしたちは、かつて経験したことがある状況におのずと引き寄せられる。対処の仕方を知っている、なじみがあるからだ。

自分の親は精神的に未熟だとか欠陥があると考えるのは、子どもにとってとてもショックなことなので、子どもは親が精神的な能力に欠けているとは認めない。

そうやって親の本当の姿を否定することで、悲しいかな、将来の対人関係においても、同じように自分を苦しめる相手を認識できなくなってしまうのだ。結局は同じことを何度もくり返す。

味方のはずの親に裏切られる

Sさんという女性には、つき合って5年になる恋人がいた。彼女自身は看護師というやりがいのある仕事をしており、恋人との関係も長く続いていた。

しかし、彼女も32歳になり、結婚を望んでいたが、相手の男性にはその気がなかった。彼はいっしょにいると楽しかったが、精神的に親密になることは望んでいないらしく、Sさんが内面的な話をしだすとたいてい心を閉ざした。Sさんはなんとも言えないもどかしさを感じ、どうすればいいかを知る一助にと、わたしに相談にきたのだった。

難しい状況だ。彼を愛しているが、子どもを産めるタイムリミットも迫っていた。かたや、相手に求めすぎているのではないかと罪悪感や不安にもさいなまれていた。

ある日、この恋人が、初めてデートをしたレストランへ行こうと誘ってきた。その口ぶりからSさんはプロポーズではないかと期待した。

思ったとおり、食事が終わると彼は上着のポケットから小さな箱をとりだしてSさんに渡した。Sさんは息をのんだ。が、箱を開けると、そこに指輪はなく、

「?」と書かれた紙切れが入っていた。Sさんは困惑した。

彼がニヤリと笑う。

「友だちに電話したら? おれがついに〝申しこんで(?)〟くれたって!」

「プロポーズなんでしょう……?」Sさんは、とまどいながら聞いた。

「まさか、冗談じゃん」

Sさんはショックを受け、深く傷ついた。そして母親に電話でことの次第を話すと、なんと母親はSさんの恋人の肩を持ち、「笑える冗談なんだから、そんなにカッカするな」と言われたのだ。

これが恋人同士の冗談になるなど、わたしにはまるで想像できない。あまりにも人をバカにした行為だ。

だが後に、Sさんも気づくように、彼女の母親とこの彼はよく似ていて、人の気持ちがわからないのだった。Sさんは2人に自分の気持ちを伝えようとするたびに、無力感にさいなまれた。

相談を続けるうちに、Sさんは、母親が人の気持ちに共感できないところと、自分の恋人の無神経さには似たところがあると気づくようになっていった。

彼とつき合っていると、子どものころに経験した精神的な孤独に再びおちいるようだ。相手の感情など気にかけない恋人に対して自分が抱くいら立ちは、今に始まったことではなく、子どものころから感じていたことだとようやく理解した。

Sさんはこれまでずっと「だれともつながっていない」という感覚を抱え続けてきたのだった。

「私は幸せなはずなんです」

Sさんのような人に、わたしはことのほか思い入れがある。一見ごくふつうなので、周囲からは問題を抱えているとは思われない。それどころか、なまじ適応力があるために、自分の苦しみを重く受け止めない。

彼らはよく言う。**「私は幸せなはずなんです。なのに、どうしてこんなにみじめな気持ちになっているんでしょうか？」**

これは物理的なニーズは満たされても、精神的なニーズは満たされないまま大人になった人たちに見られる典型的なとまどいだ。

Sさんのような人たちは、不平や不満を言うことに罪悪感を覚えることが多い。何につけても相手に感謝すべきことを第一にあげていく。まるで自分の人生は足し算で、答えは必ずプラスになるのだ、と言わんばかりだ。

だが、そもそも心の底では孤独なので、近しい人たちと精神的に親密になりたいと強く願ってもかなえられないという思いがついて回る。

わたしのもとにくるまでに、パートナーと別れる心づもりをしている人もいれば、望むものを多少なりとも与えてくれる相手との関係を持っている人もいる。あるいは、恋愛関係からはすっぱり身を引いている人も。中には、子どものためだけに関係を続けるのだと決めている人もいる。

彼らが相談にやってくるのは、できるだけ相手に腹を立てたりうらんだりしないようにする方法を学ぶためであることが多い。

満足できる精神的な親密さが自分にないのは、子どものころからだと気づいていて、わたしのオフィスを訪ねてくる人はほとんどいない。

たいていの人は、なぜ幸せな人生を送ってこられなかったのかと困惑しながらも、人生からもっと多くを得たいという利己的な感情に苦しんでいる。当初、先述のSさんもこう言っていた。

「人間関係には、いつだって悩みがつきものでしょう。そういうものですよね？」

Sさんの言うことも、あながちまちがってはいない。いい人間関係を築くにはそれなりに努力も忍耐も必要だろう。だが、「そういうもの」などと考えるべきではない。

男性か女性かは関係なし

心理カウンセリングを求めてくる男性は依然として少ない。だが、幼いころの人間関係で孤独を感じたという男性を数多く診てきた。男性は精神的な苦痛が耐えがたくなると、暴力に走ったり、突然みずからの命を絶ってしまいがちだ。

精神的な親密さを感じられない、居場所がない、だれにも心を配ってもらえないと思う男性は、むなしさを覚えることはあっても、それを表にだすことをよしとしない場合がある。

自分は親の関心を引けないと感じている子どもは、どうにかして親とつながろうと考えるあまり、親が自分に望んでいるであろう「役割」を演じることが多い。だが、それで一時的に認められることはあっても、本当の精神的なつながりは得られない。

子どものころに精神的な触れ合いを経験できないと、男女を問わず、ありのままの自分と親しくしたいと思ってくれる人などいるわけがないと考えてしまう。

だれかと親しくなりたいときにはいつでも、相手の望む人物像を演じなければならないと思いこんでしまうこともある。

どうしよう、「自分の意志がわからない」

精神的に未熟な親は、子どもの感情や意志をどうやって尊重すればいいのかわからない。尊重してもらえない子どもは、「他者が信じていると思われること」を受け入れるしかない。

そうして大人になると、自分の意志を否定し、不本意ながらも望まない関係に従うようになる。そして、その人間関係がうまくいくかどうかは自分にかかっていると思いこむ。さらに、人間関係を維持するために必死に努力しなければいけない理由を正当化することもある。

人は、精神的に満足できるのはどんなときかが自分でわかるはずだ。誠意を持って尽くしてもらえば、それもきちんとわかる。だから、自分がひっきりなしに要求を突きつけてばかりいる人でないなら、自分の内なる声を信用すればいい。

けれど、**自分の感情を顧みないよう育てられてきた場合、ふとした事柄に不満を抱くと、罪悪感を覚えてしまう。**住む場所も、決まった収入も、じゅうぶんな食べ物もあり、パートナーなり友人もいるなら、世間的には言われるかもしれない、
「それのどこに不満があるの？」と。
「自分が満足すべき理由」をかんたんにあげられる人は多い。そして、「自分は満足していないのだ」と認めたがらない。

親の望むとおり結婚したのに

Mさんは、恋人と別れてから妊娠していることに気づいた。大学1年生だった。相手は結婚を望んだけれど、Mさんは関係を続けるのがいいとは思えなかった。ところが彼女の両親は、実家が裕福な恋人をひどく気に入り、妊娠を盾に娘に結婚を迫ったため、Mさんは自分の意に反して受け入れた。

夫となった相手は不動産仲介業で成功し、Mさんの両親をますます虜にした。やがて長い年月がすぎ、3人の子どもが全員大学生になるとついに、Mさんは結婚生活に終止符を打つ覚悟を決めた。しかし、別れたいという自分の気持ちにはとまどいと罪悪感も覚えていた。

わたしに最初に相談にきたMさんは言った。

「自分の気持ちをどう伝えたらいいのかわからないんです」

夫も両親も、どうして彼女が今の生活に満足していないのか理解できず、彼女も自分の思いを伝える言葉をみつけられずにいた。

必死に説明するたびに、夫や両親からは彼女がまちがっているという理由をいくつもあげられ、言いくるめられた。離婚したい気持ちはまともにとりあってもらえなかった。話も聞いてもらえない、頼みごとは無視される、夫といても楽しくない。

不平不満は彼女のわがままだとみなされたのだ。思いきって、夫とは人とのつき合い方も性生活も趣味も合わないと言ってもみたがダメだった。

Mさんの本当の問題は、自分の気持ちの伝え方がわからないことではなく、家族に、彼女の話を聞く気がないことだった。夫も両親も、彼女の気持ちを理解しようとはせず、彼女を説得することに終始した。

Mさんは、結婚の誓いや家族への責任感よりも、自分の精神的なニーズを優先したことで、気まずさを感じ、罪悪感にさいなまれた。

だが、結婚の誓いや約束は、夫婦関係を続けていく燃料にはならない。**良好な対人関係を保っていくには、精神的な親密さで心が満たされ、自分の話にきちんと興味を持って耳を傾け、理解してくれる相手がいると思えることだ。**

おたがいの心と心が反応することこそ、人間関係においてなによりも大事なことなのだ。

Mさんのように、精神的に満たされない関係に我慢ができなくなったという人を、どう考えるべきなのだろう？

彼らはわがままで、一時の感情に駆られた薄情な人間なのだろうか？　こらえ性がない、あるいは、たんに恋愛において移り気なのだろうか？　今までずっと我慢してこられたのなら、なぜもっと我慢できないのか？　今さらわざわざことを荒立てるのはどういったことなのか？

ポイントは、長い間ずっと我慢してきた、ということかもしれない。おそらく、エネルギーを文字どおり使い果たしてしまったのだろう。

Mさんは、自分の気持ちを説明し、自分が幸せではないことを伝えようとしてきた。夫に思いをわかってもらおうと、手紙をしたためたことさえある。けれど、夫も両親も耳を傾けてはくれなかった。彼らは彼女の思いを聞くかわりに、自分たちの思いを彼女に押しつけてきた。

精神的に未熟な人間にみられる、典型的な反応、自己中心的な反応だ。

幸いMさんは、やがて自分の気持ちを大事にできるようになり、夫や両親が、まるで見当ちがいの精神論を言い立てて、彼女の精神的なニーズを否定してくるのもやめてもらうことができた。対人関係に何を求めていたのかがようやくわかったとき、彼女は恥ずかしそうにわたしに言った。

「だれかにとって一番大事な存在になりたいんです。わたしといっしょにいたいって望んでくれる人がいい」

そして、あわててこうつけ足した。

「それって高望みでしょうか？　正直言って、よくわからないんです」

だれかの特別な存在になりたい、愛されたいというのは自然な願いだが、Mさんは幼いころから、そんなふうに考えるのはわがままだと言われ続けてきたのだった。

結婚生活を介しても、夫から、君は多くを望みすぎる、高望みだと言われて、自分はわがままなんだとの思いを植えつけられてきた。

その呪縛からようやく逃れられたのは「夫のほうがわたしよりもわたしのことをよく知っているんだから、言うことを聞かなくては」と思うのをやめてからだった。

「なぜか自信を持てない」のはあなたのせいではない

親から拒否されたり、精神的なネグレクトを受けてきた子どもたちは、成長しても、ほかの人たちからも同様なことをされるのではないかと思ってしまうことが多い。そして、**他者が自分に関心を持ってくれる、という自信が持てない。**

主張を飲み込んでしまったり、注目を集めるのが恥ずかしく、ストレスを感じてしまう。自分の気持ちをわかってもらおうなどとすれば、相手を困らせると信じて疑わない。さらには、以前のように拒否されるのでは、との思いから、結局は自分の気持ちを押し殺し、精神的な孤独をさらに深めていく。

こうした状況では、他者とは触れ合わず、むしろそれを避けることで精神的な孤独がもたらされていく。

わたしの仕事はまず、**彼らが自信を持てないのはあくまでも親のせいだと理解でき**るよう手助けをすることだ。同時に、**新しいことに挑戦する不安を受け入れつつ、他者ともっとつながっていけるよう励ましていく。**

次の例からも明らかなように、それは可能だ。

愛情を得ても不安で動けなくなる

Bさんは人生の大半を不安やうつを抱えて苦しんできた。彼の母親は居丈高で、つねに彼を寄せつけまいと拒否していたそうだ。

子どもだからという理由で、Bさんの要望や気持ちが最優先されることはまずなく、ひたすらおとなしく待つことを求められた。

幸いBさんは、やさしく愛情に満ちたAさんと結婚した。けれど彼はとまどっていた。なぜ彼女はぼくを選んでくれたんだろう、と。

「ぼくはさしておもしろくもないですし、どうして彼女がぼくを好きなのかわからない。そりゃ、まったくの役立たずってわけじゃないですけど、でも……」

しだいに小さくなっていったBさんの声は、彼が自分を、いともかんたんに無視されうる人間で、それが当たり前だと思っていることを物語っていた。

母親に拒否されてきた子どものころの経験が、彼の自信を失わせているのは明らかだった。さらにそのせいで、自分が精神的な結びつきを望めば、母親と同じようにほかの人たちもいやがるにちがいないと思いこんでいた。

成功しても自信が持てない理由

Yさんのケースは、親から拒否された子どもは、その過去のレンズを通して現在の状況をみる傾向がある、という例だ。

彼女は論文コンテストの短編部門へのエントリーを友人から何度となく誘われていて、それをやっと受け入れた。というのも、自分の作品など採用されるわけがないと信じていたからだ。周囲から認められる、優秀な新聞記者だったにもかかわらず。そして彼女の驚きをよそに、作品は最優秀賞を受賞した。

だがYさんは、子どものころのつらい記憶を呼び覚まされた。何かで抜きんでようと努力するたびに、彼女は両親からけなされ、みじめな気持ちになったからだ。両親は子どもを応援しないばかりか、成果をおとしめてばかりいた。

大人になった彼女は受賞を喜びつつも、だれかが「あなたは受賞には値しない」と言い立てたりするのではないかとおびえていた。わたしの受賞なんてだれも興味ないのよ、と自分に言い聞かせながら。

すべてを手に入れても喜べない

親からの拒否で、かならずしも子どもの自信が失われるわけではない。生来の頭のよさと粘り強さを生かして自信を手にし、立派なキャリアを積み、すばらしい成果をあげてきた人たちもいる。彼らの多くが、精神的に成熟したパートナーをみつけ、いい関係を長きにわたって続け、平和な家庭をつくっている。

ただ、今の関係のおかげで精神的なニーズが満たされていても、子どものころに経験した孤独という拭いがたいトラウマは、不安やうつ、悪夢といったべつの形で表れる可能性があるのだ。

悪夢が教えてくれた真実

50歳のNさんは、経営コンサルタントで、子どものときに精神的なネグレクトを受けてきたにもかかわらず、大人になってからは、公私ともに充実した人生を築いてきた。

しかし悲しいかな、かつての経験を、いまだに夢にみるという。それを彼女はこんなふうに話してくれた。

「くり返しみる悪夢です。どうしようもない状況に追いこまれて、そこから逃げ出せない。なんとかして出ようと、必死に試みます。いろいろな道、いろいろなカギ、いろいろなドア——どれも全部ダメなんです。ひとりぼっちで出ようとあがいているのはわたしだけ。ほかにはだれもいません。だれひとり手を差し伸べてくれないんです。かばってももらえないし、不安でたまらない。そうして目がさめるんですけど、心臓はバクバクしています」

Nさんの夢は、精神的な孤独をよく表している。すべて自分ひとりで対処しようとして、だれかに助けを求めようと考えない。親は、形の上では存在しているかもしれないが、子どもに助けの手を差し伸べたり、かばったり、安心させてやるようなことはほとんどない。

Nさんが夫と子どもたちと暮らす家庭には、彼女の年老いた母親も同居していて、Nさんが面倒をみている。だが、彼女がどんなに尽くしても、母親は、お前はあたしを大事にしないだの、行き届かないだのと、文句しか言わない。

子どものころからNさんは、母親の精神状態は自分に責任があると感じていた。その一方で、母親をあてにはできなかったので、なんでもひとりでこなしてきた。

Nさんのような子どもは大人びていて、親を助け、親に迷惑をかけることもなく、自分の希望など持っていないようにみえることが多い。こうした子どもは、自分で自分の面倒もみられるように思えるかもしれないが、もちろん無理だ。そんなことができる子どもなどいない。

彼らはただ、手にできるかけら――精神的なつながりのかけらをつかんで放さないための術を身につけただけだ。どんなかけらでも、なにもないよりはいいのだから。

だが、非の打ちどころのないスーツに身を包んで、仕事の会議に堂々と臨むNさんが、子どものころはこんなにも不安を抱えていたなどとだれが想像できるだろう？

いい伴侶にめぐり合い、子どもたちも立派に成長し、親しい友人にも恵まれているNさん。彼女は人づき合いのコツを心得ているし、知性もずば抜けている。

ただ、彼女がよくみるという夢が、いまだに彼女の中でくすぶっている精神的な孤独をあらわにするのだ。成人して充実した人生を築いてはいても、心の内では今も変わらず、孤独になることやだれからも助けてもらえない不安におびえている。

このように隠れた不安をあおっているのが母親との関係だということを、Nさんは50歳になってようやく理解し始めた。そしてこれこそが、彼女の人生でもっとも意味のある気づきだった。

太古から存在していたつながり

人が、他者との精神的なつながりを強く求めるのには理由がある。

人類はその長い進化を通してずっと、つねに集団に属してきた。おかげで、ストレスよりも安心感を得られてきたのだ。

離れ離れになることをきらった祖先たちは、生き残る可能性が高かった。他者といることで得られる安心感を満喫していたからだ。

孤独をつらく感じる要因が、それぞれの育ってきた過程はもちろんのこと、遺伝子の記憶にもあるということだ。

ずっと昔の祖先たちも、精神的に親しくなることを強く求めていた。自分に関心を持ってもらいたい、他者とつながりたいという思いは、人類の歴史と変わらず昔から存在していたものだといえる。

2

親の「心理」と「行動」を見抜く

親に相談も、伝えもしなくていい

自分の親を客観的にみるのは難しいだろう。親を裏切っているような気持ちになるかもしれない。

だが、本書で目指すのは、親を見下したり裏切ったりするのではなく、あくまでも客観的にみられるようにすることだ。本書では、精神的に未熟な親はいずれも、能力に限界があるのだということをしっかりと理解した上で紹介している。親のいろいろな面をより冷静にみていくことは大切だ。

親を責めようというわけではなく、どうしてそうなのかを理解しよう。親を新たな目でみられるようになり、結果として、自分という存在を根底からしっかりと認めることで、精神的に自由になれるのだ。

親を客観的に判断するには、特徴的な言動だけでなく、その裏側にある精神的な構造も理解することが大事だ。その上で、彼らとのつき合い方やその言動の見極め方を学んでいこう。

心にとめておいてもらいたいのは、親に対する自分の考えを彼らに伝えないこと。親は、子どもが本書から何を学んだかも、自分たちはどうすべきかも知らなくていい。

Check List

親の精神的な成熟度

各項目が自分の親に当てはまるかどうかチェックしてみてほしい。

□些細なことにも過剰に反応することがよくある
□子どもに共感したり、相手がどう思うかを気にすることがあまりない
□精神的な親密さや感情といった話題になると、気まずそうな顔をして、それ以上その話はしなかった
□言動や考え方が自分とちがう相手を前にすると、よくイライラしていた

□自分が成長するにつれて、親は自分を相談相手として利用したが、自分の相談相手にはなってくれなかった

□ほかの人の気持ちなどおかまいなしに、なにかを言ったりすることが多かった

□とても具合が悪くなったとき以外、親にかまってもらったり、心を寄せてもらったことはないと思う

□分別のあることを言ったかと思えば、わけのわからないことを口走ったりと、気まぐれだった

□自分が落ちこんでいても、表面的ななんのなぐさめにもならないことを言われるか、逆に怒られたり、嫌味を言われたりした

□会話の内容はたいてい、親の興味があることばかりだった

□控えめに話していても、親に理解されないかもしれない意見だと、身構えてしまうことがあった

□自分がうまくできたことを話しても、どうでもよさそうだった

□親の意見の前には、事実も論理もなかった

□親は、自身を省みることもなかったし、問題が起こってもそれを自分のせいだと考えることもまずなかった
□両極端な考えをしがちで、新しいアイデアを受け入れようとしない

あなたの親にはいくつ当てはまっただろうか？　複数の項目が当てはまったのなら、おそらくかなりの確率で精神的に未熟だったと言える。

項目としてあげた精神的な未熟さのパターンと、一時的な精神的退行とはちがう。疲れやストレスがたまって、少しのあいだ精神のコントロールが難しくなったり、衝動的になったりすることはだれにでもある。

だが、**「精神的に未熟」という個人的なパターンを持つ人には、特定の行動がくり返しみられる**。しかも、それは反射的で無意識なので、自分がそういう行動をとっていることに気づかない。自分の行動が相手にどんな影響を与えているかといったことも考えない。反省してあやまることや、後悔することもめったにない。

「成熟した大人」とはどういう人か

精神的な未熟さについて考えていく前に、「精神的に成熟する」とはどういうことなのかみていこう。これはあいまいな話ではなく、長年しっかりと研究されてきたテーマだ。

◆「精神的に成熟している」とは、他者と深い精神的なつながりを保ちながら、客観的かつ概念的に考えることができることをいう。精神的に成熟した人は、自分の判断で動くことができる。深い愛着を持ち、その独自性と愛着の両方を生活に自然にとり入れている。自分の望みをまっすぐに追い求めるが、そのためにほかの人を利用することはない。自分が育ってきた家庭の人間関係を引きずることなく、自分なりの人生を築こうとする（ボーエン、1978年）。

◆彼らにはじゅうぶんに発達した自我（コフート、1985年）とアイデンティティがあり、近しい人たちとの関係を大切にする（エリクソン、1963年）。

◆相手の気持ちにしっかりと寄り添うことができ、衝動も抑えられ、精神的な知性もある。心がおだやかで、自分の気持ちに正直でいられるし、ほかの人ともうまくやっていける（ゴールマン、1995年）。

◆ほかの人の精神生活にも関心があり、彼らと精神的に親密に心を通わせ合っていて、それを楽しんでもいる。問題があれば、相手と直接やりとりをして、食いちがいをとりのぞいていく（ボーエン、1978年）。

◆精神的に成熟した人は、意識して自分の考えや気持ちを処理しながら、ストレスにも現実的に、前向きに立ち向かっていく。必要なら自分の感情をコントロールし、未来を見越して対策を講じ、現実に対応し、相手の心に寄り添い、ユーモアを交えながら、難しい状況を和ませ、相手との絆(きずな)を強めることもできる（ヴァイラント、2000年）。

◆客観的であろうとし、自分をよくわかっていて、欠点も認めている（シーバート、

1996年)。

精神的に未熟な人の「3つの特徴」

対して精神的に未熟な人には、行動、感情、精神面においてまったく異なった特徴がみられることが多い。ここにあげる特徴は、たがいにつながっているので、どれか1つの特徴を示す人は、ほかの特徴もあわせ持っていることが多い。

1 — 融通がきかず、1つのことを思い詰める

進むべき道がはっきりしている場合は、精神的に未熟な人もきちんと対応できる。だが、対人関係や精神的な決断を要する問題になると、その未熟さがあからさまになる。融通がきかなかったり、一時の感情に駆られたり、現実を前にして、自分が処理できる問題だけに対応しようとする。そして、いったん「こうだ」と意見をまとめると、あとは心を閉ざしてしまう。

2 ストレス耐性が低い

精神的に未熟な人はストレスにうまく対処できない。反応はあくまでも受け身で、型にはまっている。状況を見極め、未来を見越して対策を講じるかわりに、現実を否定したり、ゆがめたり、もとに戻そうという対処戦略を使う（ヴァイラント、2000年）。

自分のまちがいを認められず、事実を信じなかったり、ほかの人を責めたりする。安定した感情を保つことが難しく、しばしば過剰に反応する。いったんカッとなると、容易に気持ちを落ち着けることができず、ほかの人が自分の思いどおりに動けば、自分の気持ちは鎮まるにちがいないと考えている。アルコールや薬に頼って気を晴らすことも多い。

3 自分が一番いいと思うことを押し通す

人は成長するにつれて、自分がいいと思うことが、かならずしも最良の方法ではないことを学んでいく。だが精神的に未熟な人の中には、自分の思いどおりにしようという、子どものころの衝動がそのまま残っている（ボーエン、1978年）。

そして、もっとも楽な道を選ぶ。

こういった精神的に未熟な人はどんなことをするか、びっくりするような例をあげよう。

親の「パターン」がわかれば見えてくること

◆客観的ではなく、あくまでも主観的

冷静に分析することはほとんどない。状況について考えるときは、実際に何が起こっているかよりも、自分がどう思うかを重視する。重要なのは、何が真実か、ではなく、何を真実だと思うか、だ（ボーエン、1978年）。

◆ちがいを認めない

ほかの人に自分とちがう考えや意見を言われると、腹を立てる。だれもが自分と同じように考えるべきだと信じているからだ。問題発言をしてしまうのは、ほかの人を

尊重し、不快な思いをさせないようにしようという配慮がたりないからだろう。彼らは、だれもが同じ考えを持ち、役どころのはっきりした人間関係の中でだけ、ふんぞり返っていられるのだ。

◆大人げないくらい自分中心

精神的に未熟な大人の、あくまでも自分を中心とした態度や考え方は、子どもっぽいどころか大人げない。自分のことしか考えず、その様子はまるでとりつかれたかのようだ。

◆不安で自信がないために自分を中心に据えた言動をとる

自分が本当はいい人ではないとか、とるに足りない、だれからも好かれない、といったことがわかるのが怖くてしかたがない。だから彼らは、自分のまわりに高い壁を巡らせて、今にも壊れそうな自尊心を必死に守っている。

彼らのこうした行為は、根本にある不安をひたすら自覚しないようにするためだ。

◆独りよがりで自分勝手

不安からくる独りよがりは、精神的に未熟な人すべてにみられる特徴だ。自分のニーズは満たされているか、気分を害するものはないかとつねに気にしている。非難されることに耐えられないので、とにかく自分の過ちを少なくみせようとする。

ある女性は、母親から父親の悪口を聞かされるのはつらいと母親に訴えた。すると母親は「だって、話せる相手ってお前しかいないんだもの」と言った。「自分勝手」や「自分中心」というと、こうした人たちが嬉々として四六時中自分のことばかり考えているかのように思えるが、実のところ**彼らにはほかに選択の余地がないのだ**。

彼らは、人としての自分の核となる価値を根本的に疑っている。彼らが自分勝手なのは、子どものころに感じた不安のせいできちんとした発達をさまたげられてきたからだ。彼らにみられる自己中心性は、自分のことが好きでたまらないからというよりも、**慢性的な痛みを抱えていて、そのことしか考えられない人に似ている**。

◆自分を省みることはなく、自己言及ばかり

だれとどんな話をしていても、すべて自分の話題に持っていく。それでいて、自分を省みることはない。

自己言及する人と話をしていると、こちらが何を言ってもすべて、相手自身にまつわる話にすりかえられてしまう。人間関係に悩む娘の話を聞いて、そこから自分の離婚の話をする母親がいる。子どもががんばって何かを成し遂げたのに、昔の自慢話をしてしゃしゃり出る人もいる。

◆注目をあびたがる

子どもと同様に、精神的に未熟な人はたいてい注目をあびることになる。グループで何かをする場合、時間的にもエネルギー的にも中心になるのは、グループ内でもっとも精神的に未熟な人だったりする。

◆進んで役割を逆転させる

子どもが親であるかのように子どもに接し、子どもに気を使ってもらい、安心させてもらうことを期待する。

こうした親は役割を逆転させ、たとえ大人が解決すべき問題であっても、躊躇（ちゅうちょ）なく打ち明けられるような親友の役割を子どもに望むことがある。自分の結婚の問題を子どもと話し合う親などは、こうした例といえるだろう。

◆共感が少なく、思いやりがない

自分自身の感情もよく理解できていないので、ほかの人にどんな思いをさせるかといったことにまで、とても頭がまわらない。

秀でた共感力には、想像力も求められる。それは「メンタライゼーション」（フォナギーとタルジェ、2008年）と称されるもので、人にはそれぞれ独自の心と思考プロセスがある、ということを想像できる能力のことだ。

この能力を身につけることは、子どもの発達における重要な目安だ。メンタライゼーションの力があれば、内なる経験まで含めたその人の考え方を察することができる。人にはそれぞれその人なりの心があり、自分とはちがうということが理解できるからだ。

共感は、心の知能指数の基本的な要素であり（ゴールマン、1995年）、社会でも仕事上でもうまくやっていくために必要なものだ。

心理学者のポール・エクマンは、ダライ・ラマとの会話の中で、共感と同情のちがいを認めている。真の共感には、相手が感じていることを知る以上のことが含まれる。また、相手の感情に共鳴する能力も伴う（ダライ・ラマとエクマン、2008年）。

共鳴する共感がないと、自分を成長させることも難しくなる。親が子どもの気持ちをきちんと思いやるには、まずは自分自身の精神を自覚できるだけのじゅうぶんな自己成長が必要だ。

「未熟な親」には理由がある

多くの親が、こんなにも精神的に未発達なのは、いったいどこに原因があるのだろう。さまざまな臨床経験を通し、考察を続けた結果、相談者の親の多くが子どものころに感情を封じこめてきた可能性が高いのではないかと思い至った。

それぞれの家族の歴史をひもといていくと、幼いころ、家の中がみじめで異様な緊張感に満ちていた、という。

そして多くの相談者は、自分も軽んじられたり虐待されたりしてきたけれど、親から聞かされた、親の子ども時代のつらさには遠くおよばないと言う。

また、母親と母方の祖母との間に確執があり、うまくいっていなかったケースも多かった。

どうやら相談者の親の多くが、自分たちの親との間に、つながりがなかったようで、だからこそ彼らは、精神的な孤独に耐えるために、幼いころから心に厚い壁を張り巡らせてきたのだろう。

また、古いタイプの子育てでは、子どもに口ごたえをさせないことが大事だったことも忘れてはならない。体罰も、子どもに責任感を教えるためと称して認められており、学校でもまかり通っていた。かつては多くの親は、子育てとは、行儀よくするよう教えることだと考えていた。

こうした考えが改まったのは、１９４６年にベンジャミン・スポック医師が書いた世界的ベストセラー『スポック博士の育児書』の初版が広まってからだ。そこには、体のケアやしつけとともに、子どもの気持ちや個性も大事で、しっかりと心を配っていかなければならないと記されている。

これより前の世代の子育てでは、**子どもの精神的な安定や個性といったことを考えるよりも、子どもの発達における絶対的な基準として、子どもがどれだけ親の言うことに従うかが重視されがちだった。**

「子どもの気持ちが理解できない」という欠如

大家族の長女であったEさんは、母親が「おおらかだけれど、とにかく頑固」だったことを覚えている。母親は、地域のコミュニティでも熱心に活動し、親切で面倒見がいいと評判だった。だが、自分の子どもの気持ちに寄り添うとなると、まるで不向きだった。

Eさんは、よく悪夢にうなされてはお気に入りのぬいぐるみに慰めてもらっていたのだが、11歳になったころ、その心のよりどころだったぬいぐるみを、いきなり母親にとりあげられた。

「これは捨てなさい。お前はもう大きいからいらないでしょ」

Eさんの身体的健康には注意を払っていた母親だが、ぬいぐるみを大事にしていたEさんの気持ちには無頓着だった。

また、べつのTさんという女性は感情表現がとぼしく、よそよそしい母親にとても厳しくしつけられてきた。Tさんの目には、母親がいつも感情を押し殺しているようにみえたという。まるで、巨大な壁の向こう側にいるようだったと。

そんなTさんには、大切な思い出がある。

ある朝、自分を起こしにきた母親が、ベッドのかたわらにそっと立って、寝ている自分をやさしくみつめている姿だ。このときTさんは目がさめかけていたのだが、じっと寝たふりをした。壁が消えて、母親との距離が一気に縮まったような気がしたからだ。

けれど、やがてすっかり目がさめると、いつもの「とりすました」母親が戻ってきて、壁の向こうに行ってしまった。

なぜ「相手の気持ちに鈍感」になるのか

精神的に未熟な親ももちろん、かつては子どもだった。そしてそのときに、心の奥底にある感情の多くを封じこめざるをえなかったのかもしれない。

先に紹介したEさんやTさんの母親も、おそらくそれぞれの親に自分たちの感情をないがしろにされて育ってきたのだろう。

幼いうちに感情を「刈りこまれ」、のびのびとして、心身のバランスのとれた姿に成長することができなかったのだ。

しっかりとした自己意識や成熟したアイデンティティを育んでいくには、自分の感情や思考をじゅうぶんに掘りさげてから表に出すことが必要だが、それが許されなかったのだろう。

だから自分のことがよくわからず、精神的に親密になる能力にも限界があった。**自分をよくわかっていないのに、ほかの人と本気でかかわっていくのは難しい。**こうして自然な発達がさまたげられると、より深刻な問題点がさらに生じてくる。

◆気まぐれで矛盾していることが多い

おそらく彼らは子どものころ、精神的な経験を伝えたり、活用したりすることを許されなかったために、一貫性に欠ける大人になったのだろう。しばしば矛盾した感情を表し矛盾した行動に出る。

感情の起伏が激しく、自分がつじつまの合わないことを言ったりやったりしていることに気づかない。そのまま親になると、こうした特徴のせいで子どもを精神的に混乱させてしまうのだ。

親になった彼らは、そのときの気分で子どもをかわいがったり突き放したりすることがある。子どもはつかの間親とのつながりを感じても、いつ、また親に突き放されるかわからない。

こうした状況を行動心理学者は、「断続的な見返り」と称する。努力が報われる可能性はあっても、それがいつなのかはわからない、という意味だ。ただ、そうやってたまに報われるために、子どもはひたすら努力しようと心に決める。

このように親の気まぐれは、子どもをもっともきつく親にしばりつけることになりうるのだ。めったに返ってこない好意的な反応を、子どもに期待させ続けるのだから。

気まぐれな親のもとで成長していく子どもは、安心感をむしばまれ、つねに緊張を強いられる。こうした子どもは、親がコロコロ気分を変えるのは自分のせいだと思いこみがちだ。

自分のまわりに「壊せない壁」をつくる人

Fさんは、母親の気まぐれに振り回されてばかりいた。母親のそばにいくときはいつも不安だった。「たえず母親の顔色をうかがって、機嫌が悪いときは、そばへは寄らないようにしていました。でも、機嫌がいいときには話しかけてもらえたんですよね。だから、母に認めてもらおうと必死にがんばったんです」

Fさんはよく、母親が不機嫌になるのは自分のせいではないかと不安になり、自分を責めるあまり、自分は悪い子にちがいないと思いこむようになった。

◆自分を守る強固な防衛機制を身につける

精神的に未熟な人は幼少期に、1人の存在としての確固たる自分をつくりあげていくかわりに、ある種の感情は悪いもので、禁じられていると教えられる。

そして無意識のうちに、深い感情を経験することに対する防衛機制を身につける。その結果、本当なら充実した自分自身をつくりあげていくためのエネルギーを押し込め、最終的には、精神的に親密になる能力が制限されてしまったのだ。

ある女性はこのように言う。

「自分の好きな親のいいところだけを考えて、それが親の本当の姿なんだと思いこもうとしました。わたしにつらくあたるのは、本当の親の姿じゃないんだって。でも、今ならわかります、どれもすべて本当の姿だったんですよ」

自分の親は変われるのだろうかと考えることがあるかもしれない。どう変わるにせよ、その最初の一歩となるのが、**自分を省みる心があるかどうか**だ。

不幸にして、自分がまわりの人にどんな思いをさせているのかを気にもとめないなら、自分を見つめることはしないだろう。自分を省みることがなければ、変わることもない。

厳しい母が突然泣き出した理由

ずっと母親との関係に悩んでいたHさんは、ワーカホリックで厳しい母親ともっと打ち解けたいと思っていた。

大人になったHさんはある日、母を訪ね「今まで話してくれなかったお母さんのことを教えて」と言った。この言葉に、母親は不意をつかれたように呆然とし、急にわっと泣き出して何も言えなくなってしまった。Hさんは、自分が何気なく聞いたことで、母親にショックを与えてしまったと思った。

だがHさんは、思いがけず母親の防衛機制を突き抜け、長いあいだ隠されてきた、悲しみの詰まった場所へ踏み込んだのだ。

そして母親に子ども時代の記憶——自分の話をだれかにちゃんと聞いてもらいたいとずっと願いながら、それが満たされなかった記憶を思い出させたのだった。泣き出したのは、精神的に親密になろうとした娘の思いに、どう応えたらいいのかわからなかったからだ。

◆感情を恐れる

精神的に未熟な人は、感情をそのまま表すなど、弱い人間がやることだと教える家庭で育ってきた場合が多い。幼い彼らは、より深い感情を表したり、経験することは、恥ずかしいことであり、罰を受けるかもしれないと学ぶ。

その結果見舞われるのが、心理療法研究者リー・マッカローと、その同僚が言うところの情動恐怖症だ（マッカロー等、2003年）。

情動恐怖症は、頑固で心がせまい性格につながる。ベースとなるのは、ある種の感情に対するかたくななまでの防衛機制だ。精神的に未熟な大人は、深い精神的なつながりを求められると、無意識のうちに不安な反応を示す。

彼らはこれまでずっと、ほかの人から心を傷つけられないように壁を築くことに全精力を傾けてきた。**精神的に親密になるのは危険なので、そうならないよう古いストーリーにしがみつき、人とともに気持ちを正直に話したり、処理したりすることを避けてきた。**

精神的な恐怖症を患っている親に育てられた子どもは、泣いて不安や悲しみを発散しようにも、すぐさま親に泣くのをやめさせられてしまうため、自然なリズムで最後まで泣くという経験をしたことがない。それに、どう泣きやめばいいのかもわからない。こうした環境で育つ子どもが、やがて自分の感情を恐れるようになるかもしれないことは、想像がつくだろう。実際、うれしいとか楽しいといった前向きな感情でさえ、不安と結びつきかねないのだ。

怖くて気持ちを出せなくなる子ども

Aさんという男性は、父親を出迎えるため、喜びいさんで玄関を飛び出していったときの出来事を回想する。

家の前の小さな茂みを足で踏み倒して父親を出迎えたとき、Aさんのうれしくてたまらない気持ちに応えるかわりに、父親はAさんをひっぱたいた。

結果、Aさんは父親を怖がるようになっただけでなく、うれしいという気持ちがわきあがってくると、「叱られるのではないか」と、その気持ちまでも恐れるようになった。

◆意識が向くのは精神の健康よりも体の健康

精神的に未熟な親は、子どもの体の健康に必要なことや物質的な必要性にはよく気がついて、きちんと対応することがある。

食、住、教育にかんしては、必要なものはすべて用意してくれるだろう。体の健康にまつわるものや、目にみえるもの、具体的な活動といったことについても、彼らはおおむね子どもにできうるかぎりのことをしてやろうとする。それなのに心の問題となると、子どもが求めるものに思いを馳せることができない。

相談者の多くに、病気になったときには手厚い看病をしてもらえたという記憶がある。親が自分のことを気にかけてくれたのがうれしかったし、プレゼントまでもらった。好物を食べさせてもらえたこともあったそうだ。

もっとも、こんなふうに親が関心を向けるのは、子どもの具合が悪いと納得したときだけだったそうだ。看病なら子どもを「甘やかす」正当な理由になる。子どもの体の健康を回復するためであり、親は何の不安も抱かずにすんだのだ。

感情と関係のないところで大切にされると、精神的な孤独を感じて育った人は混乱をきたすことがある。自分は親に愛されている、親は我が身を顧みずに自分のためにいろいろしてくれた、そう信じる具体的な事実があるのに、親との間には精神的な安定感はなく、温かいつながりもない。この矛盾にかえってつらい思いをするのだ。

◆場を白けさせることがある

自分の本当の感情を恐れるあまり、精神的に未熟な人は場を白けさせることがある。子どもたちが胸をときめかせて夢中になっていることをいっしょに楽しまず、いきなり話題を変えたり、あまり期待しないようクギを刺したりする。はしゃぐ子どもにそっけないことや楽しみを奪うようなことを言って水を差すことも多い。

ある女性が母親に、自分の家を買おうと思っているとうれしそうに報告したところ、母親の返事はなんと「はいはい、自慢できることがみつかったわけね」だった。

◆感情の起伏は激しいが表面的

精神的に未熟な人は深い感情を前にすると圧倒される。そして、すぐさま反応することでその落ち着かない気持ちを表に出す。うわべだけで反応するのだ。感じやすく、涙もろいこともある。気に入らないものに対しては、たちどころに怒り出すこともあるだろう。

こうした反応からは、彼らがとても強くて深い感情を持っていそうにみえるが、その感情表現は、あくまでも表面だけのことが多い。

◆複雑な感情がわからない

複雑な感情を抱けるのは成熟の証しだ。幸福感と罪悪感、怒りと愛といった、相反する感情をあわせ持てるなら、複雑な感情を受け入れられるということだ。

だが、**精神的に未熟な人の反応にはグレーゾーンがなく、白か黒かになりがちだ。**そのせいで彼らは、両価感情（訳注：1つの物事に対する相反する感情。愛と憎しみなど）やジレンマといった複雑な感情が抱けない。

◆思考が浅くて単純

精神的に成熟した人と未熟な人との間には、感情や行動のちがいに加えて、知性のちがいもある。子どものころに過剰な不安にさらされると、思考も極端に単純化され、相反することを同時に考えることができなくなる。

◆概念的思考の難しさ

思春期に入ると、子どもは概念的に考えるようになる。論理的に問題を解決し、思いつきではなく、理路整然とした主張をする。

しかし、精神的に未熟な親が抱く感情や不安は、こうした思考力の足を引っ張りかねない。実際、彼らが自分を省みることができないのは、思考が後退したり、自分の思いや意見について考える能力が一時的に失われる傾向が強いことからきている。

感情を引き起こす話題になると、彼らの心は閉ざされ、白黒思考におちいってしまう。複雑な話を拒み、相手と意見のやりとりさえできなくなってしまうのだ。

ただ、精神的に未熟な人も過剰な不安を覚えないかぎり、概念的に考えることや、深い理解を示すことができる。つまり、**感情を刺激されない話題であれば、知的で客観的な対応が可能**なのだ。

だが、子どもは当然とまどうだろう。知的で深い思考ができるかと思えば、かたくなで、筋道立てた話ができないこともあるという、親の極端な二面性に振りまわされるのだから。

◆とことん理詰めで考える

特定の話題に夢中になり、過剰なまでに理詰めで考える、ということがある。ある分野では、概念的な説明がとても理性的になめらかにできる。だが、それだけの能力がありながら、その力を、自分を省みたり、ほかの人に心を寄せるために使うことはない。

いよいよ次の章では、精神的に未熟な親とつき合っていくとはどんなことなのかをみていきたい。また、そういった親とコミュニケーションをとろうとする際に、子どもが直面する問題についても考えていく。

3

「精神的に未熟な親」がとなりにいるとき

「子どもは親を選べない」という事実

子どもは人生で最初に経験する対人関係を自分で選ぶことはできない。もっとも強い絆は、最初に愛着を抱く親とのかかわりだ。子どもにとっての親とは、怖い思いをしたり、空腹だったり、疲れたり、病気になったときに頼れる存在でもある。

精神的に未熟な親は、いつ果てるともなく子どもの期待を裏切り続ける傾向があるが、その理由を説明するのに役立つのが、この絆の強さだ。

子どもの中にあるごく初期の本能が「親に面倒をみてもらえ、親に理解してもらえ」とうながしてくる。

Check List

子ども時代を振り返る

ここでは精神的に未熟な親のせいで子どもが経験してきた、特につらかったであろう経験をまとめておく。自分の子どものころの経験に当てはまるものをチェックしてみてほしい。

- □親に自分の話を聞いてもらえなかった。親が自分としっかり向き合ってくれたことはほとんどない
- □親の機嫌が家の雰囲気を左右した
- □子どもの気持ちなど思いやってくれなかった
- □つねに親の気持ちを察していなければいけない気がした
- □何をしても、親に心から喜んでもらえたことはなかったと思う
- □親が子どもを理解しようとする以上に、親を理解しようとがんばっていた
- □親と心を開いて素直に話すなど難しいか、とうてい無理だった
- □「自分の決められた役割を果たすこと。その役割から外れてはならない」。それが親の考えだった
- □子どものプライバシーに口をはさみ、尊重してくれないことがよくあった
- □親から、神経過敏で感情的な子どもだと思われている気がしていた

□親がえこひいきした
□親は、耳の痛いことを言われると、そこから先は聞く耳を持たなかった
□親のそばにいると罪悪感を覚えたり、自分はつまらない人間、できが悪い子だと感じたり、恥ずかしい思いをすることがよくあった
□子どもとの間で問題が起きても、親は謝ったり、その状況をなんとかしようとすることなどまずなかった
□親にぶつけられない怒りが心の中に積もっていた

すべての特徴に自分の親が当てはまることはないとしても、複数当てはまれば、精神的に未熟、ということになるだろう。

コミュニケーションをとるのが難しい、またはとれない

自分のことしか考えない母親について、ある人はこのように言う。

「わたしと母は、とても仲がいい――母はそう思っています。でもわたしに言わせれば、冗談じゃないですよ。母が『娘は親友なの』って言うのを聞くと、めちゃくちゃ腹が立ちます」

精神的に未熟な人とのコミュニケーションは、たいてい一方的な感じがする。**彼らは、相手との会話には興味がなく、小さな子どものように自分に注目を集めたくてしかたがない。**

人にも、自分がおもしろいと思うことに関心を持ってもらいたがる。ほかの人が注目を集めていれば、その話に割りこんだり、みんなの関心を引くたくみなひと言を発したり、話題を変えたりと、あの手この手で自分に注目を引き戻す。

どの手もうまくいかないと、あからさまに自分の世界に引きこもったり、退屈そうにしたり、反対に、その話題にはついていけないとはっきり告げたりする。どれも、自分ひとりに関心を集めておくための行動だ。

自分のことしか頭にない母

Bさんの高齢の母親はいつでも自分中心だった。休みのあいだ遊びにきていた母親が帰った後、わたしのところに相談にきたBさんはぐったりしていた。そして、母親のことをこんなふうに話した。

「母は自分にしか興味がないんです。わたしに元気か、とか、仕事はどうか、なんて聞きもしません。知りたいのは、友だちに自慢したい事柄だけなんです。話題は母のことばかりで、ちゃんとした心の交流なんてなかった。わたしの心を満たしてくれたことはなかったんです。母といると、わたしを顎で使う中身のない人の相手をしているように感じます。あそこまで自分本位になれるなんて、いったいどんな神経なんでしょう」

この母親は80代だが、子どものように自己中心的だった。Bさんも、母親の未熟さを頭では理解できたが、それでも腹は立った。

「母はすぐわたしをイラつかせました。それがたまらなくいやでした。母といると、わたしはどうしてこう怒ってばかりいるんだろう……って落ち込みます」

母親がいる間、Bさんは自分の用事をみつけては、それに集中することで心を落ち着けようと試みた。だが、用事をやりだすとすぐに母親から呼ばれ、あれを持ってこい、これを持ってこいと言われては、手を止めさせられた。

中断させられることにうんざりもしたが、それ以上に、母親に対する強い反応がますます深刻になっていった。Bさんの怒りを説明するにはまず「愛着」についてて話しておかなければならない。

あなたはもっと怒っていい

離別や死別における子どもの反応の研究者であるジョン・ボウルビィは、乳幼児が親から離された際のごくふつうの反応が、「怒り」であると気づいた。親を失えば悲しむだろうと思うが、怒りもまたよく見られる反応だ（1979年）。

親に捨てられたという思いに適応できる反応が、怒り、さらには憎しみだ。こうした反応が、自身の精神状態に立ち向かい、変えていくエネルギーをくれる。

Bさんの母親への怒りは、大事な反応、まともな反応だ。母親に自分の気持ちを無視されたことによる無力感に対する生物学的な反応といえる。うとんじられている、気にかけてもらえないといった気持ちを抱くことで、情緒的分離が引き起こされるのだ。

Bさんの場合、母親が自己中心的なために、精神的な育児放棄をされたようなものだと理解して初めて、自分の中の強い怒りを受け入れることができた。そして、自分の怒りの原因がわかると、これまでとはちがった目で自分をみられるようにもなった。彼女は「まともなふつうの子ども」だったのだ。

精神的に未熟な親に育てられた子どもは、怒りを抑えつけたり、自分に向けたりすることがある。怒りを直接親にぶつければ、とんでもないことになると学んでいるからかもしれない。あるいは、罪悪感で怒りを認められない、ということもあるだろう。

だが、**怒りが内に向くと、実際に自分が悪いわけではないのに、自分を責めたりしがちだ。**結果、ひどいうつ状態になり、死にたいとさえ思う可能性がある。自分に対する、これ以上ない怒りの表現なのだ。

中には、自分の怒りを受動攻撃的に表す人もいる。

言われたことをやらない、嘘をつく、わざとグズグズする、はぐらかすといった行動で、自分よりも立場が上の相手に反抗する。

相手に言わなくても、察してもらおうとする

精神的に未熟な人は、感情にあまり関心がなく、自分の感情を表現する言葉もとぼしいので、たいていの場合、精神的なニーズを言葉ではなく態度で表す。その際使うのが、「情動感染」といわれるコミュニケーションの方法だ(ハットフィールド、ラプソン、リー、2007年)。

情動感染は、乳幼児が自分の欲求を伝える方法でもある。何か気に入らないことがあれば、ひたすら泣いたりぐずったりして、世話をしてくれる人にそれをわかってもらおうとする。

精神的に未熟な親の気持ちが不安定になると、子どもやまわりの人たちはうろた

え、たいてい、その親の機嫌がよくなることを進んでやるようになる。

これは役割の逆転であり、この場合子どもに親の不安定な気持ちが伝わり、子どもは自分が親の機嫌をとらなければという責任を感じる。

だが肝心の親が、自分の不安定な気持ちを理解しなければ解決はしない。不安定な気持ちを周囲にまき散らすだけだ。そしてまわりも、何が問題なのかをきちんと理解しないままに応じるしかなくなる。

他人に気をつかおうとしない

精神的に未熟な親は、自分の子どもを含めた周囲の人の感情的な経験を理解しようとしない。

「ほかの人のニーズや気持ちにもっと配慮したほうがいい」と注意されれば、言い訳に走り、「そっちが『いやだ』と言えばよかったじゃないか！」などと反応する。「しょせん人の気持ちなんてわからない」と言いつのるかもしれない。あるいは、その状況をなかったことにしてしまう場合もあるだろう。彼らが相手の心の内を理解しようと努力することはないだろう。

精神科医のハリエット・フラードは、「感情の分野におけるハードワーク」（2008年）という論文の中で、**「感情労働」**という言葉を使って、他者を理解するための努力を説明している。

感情労働とは、時間と努力とエネルギーを費やし、脳と筋肉を駆使して、精神的なニーズを理解し、満たすことである。

ここでいう精神的なニーズとは、人間の持つ欲求――自分は必要とされている、感謝されている、愛されている、大切にされている、と感じたいという思いである。個人の精神的なニーズは、口にされないか、本人もわかっていないか、無意識である場合が多い。感情労働は、（製品やサービスのような）肉体労働とともにおこなわれることがよくあるが、肉体労働とちがうのは、必要とされ、感謝され、愛され、そして、大切にされている、という特別な感情を提供する点だ。

感情労働は大変な仕事だ。つねに相手の心に寄り添っていなければならない。多くの役職や職種が、感情労働におおいに頼っている。それでいて成果があがっても、それに目を向けてもらえることはほとんどない。このいい例が育児だろう。多くのサービス産業もしかりだ。

成熟した人は、人と人との関係の中でおのずと感情労働をしている。相手に心を寄せ、自分をしっかりと認識しながら生きているからだ。自分にとって大切な人が大変な状況にあるのをみすごすことなどできない。

そして、感情労働をしながら、相手の感情を害することなく、あらゆる人間関係をスムーズにあつかっていく。職場も家庭も、感情労働のおかげでまわりの雰囲気や人間関係が一段とよくなるのだ。

対して精神的に未熟な人はよく、この能力が「ない」ことを臆することなく話す。感情的な反応や無神経な反応をしておいて、「正直に思ったことを言っているだけ」だとか「自分を変えることなんてできない」などと正当化する。彼らは、ほかの人の気持ちなど理解する必要はないと考えている。

人を思いやる経験がとぼしく、人の心などわかるものではないと思う人にとって、感情労働はとてもハードルが高い。

手を差し伸べられると、押しのける

精神的に未熟な人は、とにかく自分のニーズに関心を向けてもらいたがるが、その関心を実際に受け入れるのは難しい。この特徴を、研究者のリー・マッカローらは「受容力が低い」と言っている（2003年）。

彼らは、自分の問題をほかの人が気にかけてくれることは望んでも、助言を受け入れることはまずない。相手が、自分のことを気にかけている、という思いを伝えようとすると、とたんにしりぞける。

ほかの人を引きこむくせに、手を差し伸べられると押しのけるのだ。加えて、他者には自分の思いを察してもらいたいと願っているふしがあり、**自分の望んだとおりに先回りして動いてもらえないと、すぐに怒る**ことが多い。

精神的に未熟な大人の暗黙の要求は「わたしのことが好きなら、何をしてほしいかくらいわかるでしょう？」ということだ。

例をあげよう。

ある母親はいつも、居間で座ったまま家族がキッチンから戻ってくるのを待っては、文句を言っていたそうだ。「欲しいものはない？」と声をかけてくれなかったと。

精神的に未熟な人は、自分の要求をはっきり伝えずに、意地悪く自分の思いを察してくれというプレッシャーをかける。

仲直りが下手すぎる

どんな人間関係にも、問題はつきものだ。そこで大事になってくるのが、問題にうまく対処できる方法を知ることだ。勇気があって、精神的に成熟していなければ、自分の過ちを認め、関係をよりよくしていくのは難しい。そして、**精神的に未熟な人は、自分の過ちと向き合うことができない。**

精神的に未熟な人から不当な扱いを受けてきている人は、自分が傷つけられる状態が続くうちに、悪いのは自分だと思い始めるかもしれない。対して精神的に未熟な人は、困った状況になるとたちどころに、だれかに救ってもらおうと考える。

相手との間に波風が立つと、多くの人は、対人関係の研究における権威ジョン・ゴットマンらが言うところの関係の修復をしようとする（1999年）。あやまったり許しを求めたり、埋め合わせをしたりして、仲直りの気持ちを伝える。

ところが、精神的に未熟な人が考える許しの意味は、まったくもって非現実的だ。彼らにとって許しとは、波風が立ったことなどなかったかのような状態、ゼロからのスタートにしなければならない。すぐさま通常に戻れると考えているのだ。

子どもに自分を理解してもらいたがる

ミラーリングは、精神的に成熟した大人が無意識のうちに子どもにおこなう、共感や関係性づくりの一種だ。

思いやりがあり、子どもの気持ちに共感できる親は、子どもの感情と同じ感情を表情で示すことで、子どもの気持ちをまるで鏡のように反映する（ウィニコット、1971年）。

子どもが悲しんでいれば心配そうな顔を、楽しんでいればうれしそうな顔をする方法だ。こうして、思いやりのある親は子どもに、感情のなんたるかや、ほかの人たちとの自然なかかわり方を教えていく。親によるミラーリングがしっかりできていれば、子どもは、自分はかけがえのない1人の人間として認められ、理解されていると思えるようになる。

精神的に未熟な親は、〝子どもに〟自分を理解してもらい、ミラーリングしてもらいたいと思っている。だが心理学的に見て、大人のミラーリングが正確にできる子どもなどいない。

精神的に未熟な親は、赤ん坊は自分に自信を持たせてくれる存在になると夢みることが多い。だが、やがて子どもが自分の意志を持つようになると、こうした親はとてつもなく不安な状況に追いこまれていく。

中でもきわめて精神的に未熟な親は、なんとかしてすべてを思いどおりにし、自己評価を高めようと、最後の手段として子どもに罰を与えたり、見捨てると脅したり、恥をかかせたりすることがある。つまり、自分のために子どもを犠牲にするのだ。

親をさしおいても、自分を幸せにする

Sさんは、とにかく喜怒哀楽が激しい母親のもとで育った。

Sさんが10代後半に成長し、親なしで旅行に行こうとしたところ、母親は「親子の縁を切ってやる!」と叫び、そのままいっさい口をきかなくなった。その状態は数カ月にわたり、誕生日も例外ではなかった。

Sさんがカナダにいる友人を訪ねようとしたことでまたしても激怒した母親は、Sさんの大学の学費を打ち切った。旅行に行きたいなんてわがままだと言い、「人生は楽しむためにあるんじゃないんだよ!」と続けた。母親は、娘が自分と同じ窮屈(きゅうくつ)な人生を送っていなければ、安心できないのだった。

幸いSさんはしっかりした人で、自力で大学を卒業し、フライトアテンダントになって世界各国を飛びまわっている。だが心の片隅にはいまだに、この先、つき合いたいと思う人が現れても、その人の気持ちを優先しなければいけないのではないか、と不安を感じている。

相手が自分に従うかどうかを気にする親

精神的に未熟な人が自信を持てるのは、相手を自分の思いどおりにできたときだけだ。

Jさんは、子どものころ父親に宿題を教えてほしいと頼んだときのことを覚えている。問題を解くのに手間取ると、父親は怒鳴った。

「どれだけバカなんだ？　ダラダラやってるんじゃない！　やる気がないだけだ」

Jさんは傷つき、二度と教えてほしいとは言わなかった。

当時のJさんにはわからなかったが、父親は、その場でわかりやすく教えることができなかったために、ダメな父親だと思われるのではないかと不安だったのだ。

精神的に未熟な人は、他者とのやりとりをすべて、自分が秀でているか劣っているかを判断するための問いかけだと考える。

子どもは親の言うことを聞くべきか

精神的に未熟な人が対人関係において強い関心を持っているものがあるとすれば、役割にしたがって行動することだ。役割のおかげでシンプルに生きることができ、決断もしやすくなる。

精神的に未熟な親は、子どもにきっちりと役割を果たすことを求め、そこには、親を尊敬し、親の言うとおりにすることも含まれる。彼らはよく、親の役割に権威を裏づけるための決まり文句を使う。

◆役割の権利

役割の権利とは、自分はこういう社会的な役割を果たしているのだから、それに見合った扱いを受けて当然だ、という態度をいう。

親であるというだけで**「自分には子どもに言うことを聞かせる権利がある」**と考えるのも、一種の役割の権利だ。そういう親は、親だから子どもの気持ちなど尊重しなくていいとか、子どもの心に寄り添う必要もないかのように振る舞う。

ある女性は夫の転勤を機に、親とはべつの街へ引っ越した。しばらくすると、両親が近くに越してきた。以来、突然立ち寄ったり、ノックもせずにあがりこんでくるようになった。この女性が、せめて事前に電話をしてほしいと言うと、両親は腹を立て、自分たちは親なのだから、いつでも好きなときに遊びにくる権利があると言い返してきた。

◆役割の強要

自分が望むままに、だれかに役割を果たさせようとするとき、役割の強要が生じる。子どもに役割を強いようとする親なら、子どもに話しかけなかったり、言うことを聞かなければ脅したり、ほかの家族を味方につけて子どもを追いこんだりする。

子どもにとてつもない罪悪感やいたたまれない思いをさせることもよくある。

ある男性は母親に、自分は同性愛者かもしれないと告げた。すると母親は、そんなわけがないと断言した。母親にとって、息子の役割はあくまでも異性愛者であり、息子にその自覚がないなら、それは人間以外の「種(しゅ)」だとまで言い張った。「シマウマじゃあるまいし」と。

ここまで子どもが役割どおりに生きることに固執すると、子どもがみずからの意志でおこなう、もっとも重要な人生の選択を台無しにしてしまう。

強烈に依存しながら「絡み合う関係」

精神的な親密さと絡み合った関係は、一見似ているが、相手とのかかわり方はまったくちがう。精神的に親密な関係の場合、自分というものをしっかりと持った2人が、たがいを深く知り合うことに喜びをみいだす。そして、相手を受け入れながら信頼関係を築いていく。

また、たがいを知っていく中で、ちがいを認め合い、尊重し合う。精神的な親密さは、相手に元気を与えるエネルギーであり、互いを成長させる。**相手から関心を持ってもらったりサポートしてもらったりすることを快く受け入れる関係**だ。

対して絡み合った関係では、感情的に未熟な2人が、たがいに強烈に依存し合いながら、自分のアイデンティティと自己完成を求める（ボーエン、1978年）。

この絡み合った関係の中で彼らは、確実で予測できる、安全な感覚を生み出していく。それは、たがいが相手にとって都合のいい役割を演じるという、いつもの安心できる関係に依存したものだ。

もしも一方が、その対人関係の暗黙の境界線からはみだそうとすれば、ひどく不安になる。そしてその不安は、決められた役割に戻ることでしか解消されない。

◆「えこひいき」が常態化する

絡み合った関係は、えこひいきとなって表れることがある（リビー、2010年）。親がほかの兄弟をえこひいきするのを目の当たりにするのはつらい。あからさまなひいきは親密な関係の証しではなく、絡み合った関係を示しているにすぎない。ひいきされている兄弟はおそらく、精神レベルが親と似ているのだろう（ボーエン、1978年）。

精神的な成熟のレベルが低い人たちは、たがいに絡み合った関係に引きこみ合う。親子の場合は特にそうだ。

精神的に未熟な親が求めるのは、個人の「気持ち」よりも「役割」だ。えこひいきされないのは、その子どもに問題があるからではない。むしろ、親に依存していなかったおかげで、絡み合った関係にとりこまれなかったともいえる。

おもしろいことに、絡み合った関係に引きこみたい、という思いを親に抱かせない、精神的に自立した子どもは、実際に親もとを離れて物理的にも自立し、自分で決めた人生を歩むことが多い（ボーエン、1978年）。

おかげで、親のレベルをはるかに超えて、自分を磨き、高めていくことができる。

このように、**親にそっぽを向かれたことが、長い目で見るとかえってプラスになる**こともある。その一方で、親がほかの兄弟との絡み合った関係にエネルギーを注いでいるため、その関係に巻き込まれていないほうの子どもは、「見捨てられた」という思いを抱いたまま、依然苦しむことがある。

絡み合った関係は、依存型か理想型のいずれかになる可能性がある。

依存型の場合、子どもは環境に適応できず、親は救助者か被害者の役割を果たす。

理想型の場合親は、お気に入りの子どもがほかの子どもよりも大事で価値があると言わんばかりに、その子を甘やかす。

ただしこの場合、お気に入りの子どもを鉄壁の役割に押しこめることになり、その子どもも、本当の精神的な親密さを経験できなくなる。

ある女性はいつも、母親に自分のほうを向いてほしいと思っていたが、それがかなったことは一度もなかった。母はあからさまに姉をひいきしていた。姉と母とが交わす会話も、自分には一度も経験のないものだった。

◆必要に応じて、かわりを探す

精神的に未熟な親は、絡み合った関係を築きたいという思いを、身内以外にも向けることがある。絡み合った関係にすきまがあれば、それを埋めるべく、すぐさま家族のかわりになる存在へと向かう。

ある男性が成長して家を出ると、彼の両親は教会の奉仕活動で知り合ったホームレスの人たちを自宅に連れてくるようになった。そして、世話をしている人たちの暮らしぶりを周囲にも話して聞かせるのだ。そうやって両親は、手を差し伸べている直近の相手のことは熱心にしゃべったが、実の息子に関心を向けることはほとんどなかった。

過去から学ばず、つねに場当たり的な人

実態をとらえにくい問題で、みすごされがちだが、精神的に未熟な人は時間の認識がちぐはぐなことが多い。感情的になると特にそうだ。

人はだれしも時間を、はるかな昔から近い将来まで続く1本の直線のような感じでとらえている。

だが、精神的に未熟な人はそうではない。感情的になると時間が流れていかなくなり、ずっと「今」が続く。

精神的に未熟な人は日々いろいろな問題に悩まされる。「これは問題になりそうだ」という予測ができないのだ。

その場の欲望に支配されているので、時間がつながっているという感覚を失う。行きあたりばったりに行動し、過去から学ぶこともなければ、未来に備えることもない。時間が連続しないために、人との関係がちぐはぐだったり分別のない言動がみられる。

彼らは感情を操作しているようにみえるかもしれないが、実際はやたらと日和見主義的で、そのとき一番いいと思うものを求めているだけだ。

筋を通そうなどとは思ってもいないので、その場においてのみ自分に有利になることをなんでも口にする。

感情が絡むと、すぐさま優位に立とうとする。最たる例が嘘をつくことだ。

◆矛盾だらけの行動のわけ

ストレスがたまったり感情的になると、精神的に未熟な人は、自分が連綿と続く時間の中にいることがわからなくなる。

時間がとぎれてバラバラになり、不規則に点滅する小さな光の点のように感じる。本来関係があるはずの出来事と出来事の間の時間的なつながりが失われると、彼らの意識はある出来事からべつの脈絡のない出来事へと飛んでいき、その結果、矛盾した行動が生じる。

彼らに過去の言動を思い出させようとすると怒ってしまうのは、ここに原因がある。同じように、将来を見据えた忠告にも耳を貸さないだろう。

◆時間の感覚が未熟な人は、これができない

内省は、時間をかけて自分の思考や感情、行動を分析して考える能力だ。

「今この瞬間」だけに意識を向けている人は、じゅうぶんな時間的観念が抜け落ちているため、内省ができない。

新たな一瞬が訪れるたびにその前の一瞬の過去を置き去りにしていくので、それまでの行動に対する責任からも逃げようとする。

かつて自分に傷つけられたと言ってくる人がいると、これといった理由もないまま過去にこだわっていると言って、相手を責めがちだ。

この手の人に、責任を果たすよう求めるのがどれだけ大変かわかるだろう。**自分の今の行動と未来の結果にはつながりがある、ということがわからない人にとって、**

「責任を果たす」というのはとてもあやふやな概念なのだ。

その結果みられる行動パターンが、何かを約束しても、それを果たさず、通り一遍の謝罪をし、相手がいつまでもそのことを持ち出すと腹を立てる、というものだ。

彼らは人格がバラバラなままだ。加えて、極端に具体的で、言葉のままにしか考えられない傾向もある。

人格形成の核となる〝自分〟というものを継続して持っていないため、感情やストレスのせいで一瞬一瞬がバラバラに浮かんでいると感じる状態なのだ。

4

精神的に未熟な親「4つのタイプ」

ご機嫌取りに子どもを利用する

精神的に未熟な親にもさまざまなタイプがあるが、子どもに孤独や不安な思いをさせるのはいずれも同じだ。愛情を与える方法は基本的に1つだが、子どもが愛情を求める気持ちを台なしにする方法はたくさんある。

精神的に未熟な親は、その未熟さのタイプに応じて4つにわけられる。どのタイプも、形はちがえど子どもの気持ちに鈍感で、不安をもたらす。

すべてのタイプの根底には精神的な未熟さがある。いずれも傾向として、自分のことしか考えず、やたらと自己評価が高く、精神的に頼りにできない。また、わがままで無神経、親密になるための能力がとぼしい、といった特徴がある。一様に不適応な対処戦略で現実に対処するのではなく、現実をゆがめる（ヴァイラント、2000年）。

そしてどのタイプも、自分が機嫌よくいられるために子どもを利用し、しばしば親子の役割を逆転させ、有無を言わせず子どもを大人の問題に巻きこむ。

加えて、他者の感情に共鳴する力がとぼしい。相手の心の境界線を平気でずかずか越えていくか、まったくかかわろうとしないという、両極端な問題も抱えている。

ほとんどのタイプが**苛立ちに対する耐性が低く、自分の望みをかなえたければ、言葉でのコミュニケーションよりも精神的な駆け引きをしたり、相手を脅したりする。**

どのタイプも、子どもを独立した個人とみなすことを拒み、あくまでも自分の欲求にもとづいて自分にしばりつけておく。そしてすべてのタイプで、子どもは最終的に「自己喪失」（ボーエン、1978年）を感じるようになる。

各タイプについてみていく前に、かつての研究——多様な子育てのタイプが乳児の愛着行動の質におよぼす影響——についてかんたんにおさらいしておこう。

何が乳幼児の愛着に影響するか

メアリー・エインスワース、シルヴィア・ベル、ドネルダ・ステイトンは幼児愛着の研究をおこなった（1971、1974年）。長年にわたりくり返された研究だ。この研究には、母親の特性——乳児の愛着行動が安定型か不安定型かの特性を観察し、明確にする、というものも含まれた。１９７４年に発表された論文で、乳児に対する母親の行動を４つの特徴から評価した。

敏感性⇕鈍感性、受容⇕拒否、協調⇕干渉、近づきやすさ⇕無視、だ。そして、母親の「敏感性尺度」が「大事な変数」であることをみいだした。

「敏感性の高い母親は、例外なく受容、協調、近づきやすさの尺度も高く、ほかの尺度のいずれか1つでも低い母親は、敏感性もまた低い」ということだった。

母親が敏感であればあるほど、乳児もより安定した愛着行動を示すことが実験において明らかになったとしている。

論文では、安定型の愛着行動を示した乳児の母親、敏感性の高い母親を次のように説明している。

「敏感性の高い母親は一般に乳児に心を開いており、乳児が発するごくかすかなコミュニケーションやサイン、願望、気分の変化にも気がつく。さらに、乳児の感覚を正確に理解し、共感を示す。したがって、すべてにおいてふさわしいやりとりを、適切なタイミングで乳児とおこなうことができる」

だが不安定な愛着行動を示す母親の行動はちがう。次に紹介するのはエインスワースらが言う敏感性の低い母親像だが、本書の2、3章でわたしが述べた精神的に未熟な親の特徴によく似ている。

敏感性の低い母親は乳児の行動の多くに気づかない。乳児を無視するか、かすかでわかりづらいコミュニケーションを認識できないのだ。行動に気づいても、その意味が理解できずゆがめて考えることも多い。

多少は理解できていても、共感はむずかしい。そのため適切なコミュニケーションがとれない。対応ができてもその種類や質が不適切なことが多い。つまりちぐはぐで中身がないのだ（エインスワース、ベル、ステイトン、1974年）。

要するに、母親の敏感性と共感力のレベルが、母子関係における乳児の愛着行動の質に多大な影響をおよぼしているのだ。

いつまでも「幼稚なままの親」4つのタイプ

前述の研究結果を踏まえて、ここからはわたしが分類した4つのタイプについてみていこう。いずれのタイプにも顕著なのが、子どもに不安感をもたらす可能性だ。子どもの精神的な安定がどうむしばまれていくかはそれぞれ異なるが、共感がとぼしく、精神的なサポートができず、敏感性が低いのは同じだ。

またどのタイプにも、程度の差こそあれ利己主義が存在することも忘れないでほしい。ひどいときには、親が精神的に病んでいたり、心身の虐待をしている場合もある。

1—「感情的な親」

感情のままに行動し、過干渉かと思えば急に突き放したりする。不安定で、突拍子もないことをしがちだ。不安に圧倒されると、他者を利用して自分を落ち着かせる。些細なことで大騒ぎし、相手を、自分を助けてくれるか見捨てるかのいずれかとしてみる。

2—「がむしゃらな親」

異様に目的志向が強く、やたらと忙しい。他者を含め、あらゆるものを完璧にしようとせずにはいられない。しっかりと時間をとって、子どもの心にきちんと寄り添うことはしないのに、子どもの人生のこととなると、コントロールしたり口出ししたりする。

3—「受け身の親」

放任主義で、不安をかき立てられるようなことには一切かかわらない。有害性は低いが、独自の弊害をおよぼす。支配的な相手には一も二もなく従い、虐待やネグレクトもみてみぬふりをする。問題を避けたり黙認したりすることで切り抜けているのだ。

4—「拒む親」

そもそもなぜ家庭を持ったのかと思うような行動をする。精神的な親密さをよしとせず、子どもにわずらわされるのを露骨にいやがる。他者の欲求への耐性はほぼ皆無。彼らにとっての交流とは、命令し、怒鳴りつけ、距離を置くことだ。多少おだやかなタイプであれば、家族ごっこはするかもしれないが、あくまでも表面的だ。もっぱら自分の殻にこもって好きなことをしたがる。

そして、これら4つのタイプが混ざっている親もいる。通常ほとんどの親がどれか1つのタイプにおさまるが、ある種のストレスにさらされると、ちがうタイプにみられる行動をする親もいる。

そして、いずれのタイプにも共通する特徴があるのもおわかりだろうか。彼らはみな、子どもが安心感を抱ける関係を維持できないのだ。もちろん、タイプごとに欠けている点はちがう。

ここからは、各タイプの概要を説明する。彼らとつき合っていくための方法については、あとの章で述べていく。

感情的な親

4つのタイプの中でもっとも幼稚だ。自分はみんなから気にかけてもらい、大切にあつかってもらって当然だと思っている。かんたんにへそを曲げるので、家族総出でなだめにかかる。自分の感情が爆発すると、そこに子どもを巻きこみ、その強烈な絶望や怒りや憎しみをぶつける。家族は薄氷を踏む思いだ。

だが、不安定さがあまりにも極端であれば、精神疾患を患っている可能性もある。精神異常か双極性障害、自己愛性もしくは境界性のパーソナリティ障害かもしれない。

感情が爆発して収拾がつかなくなると、自殺や他者への暴力につながることさえある。周囲がおびえるのも当然だ。自殺の兆候は特に子どもを震えあがらせる。子どもは、親の命を守らなければという重荷を感じるが、どうすればいいかはわからない。

ここまで極端でない場合は、おそらく演技性パーソナリティ障害や気分循環性障害だろう。いずれも気分の波が激しいのが特徴だ。

この手の親はみな、ストレスや気分のアップダウンを上手にあつかうことが難しい。

成熟した大人ならば対処できる状況なのだが、彼らには感情のバランスをとり、行動を調整することができないのだ。薬物乱用のせいでバランスを乱し、欲求不満や不安の許容を一段と難しくさせている場合もある。

自制心の程度にかかわらず、彼らはあくまでも感情のままに行動し、万事を白か黒かで判断し、ひたすら根に持ち、情に訴えて相手を意のままにする。

気分にムラがあり、ああ言えばこう言うので、信頼できない上に威圧的だ。傍若無人に振る舞うくせに、自分は被害者だと思うのがつねで、家族はいつも振り回される。外ではたいてい、自分を抑えてきちんとした役割を果たせるのに、家族の親密な関係になると、これでもかと衝動的になる。

そして、子どもは他者の意に沿うようになる（ヤングとクロスコ、1993年）。

親の感情の嵐を気にしながら成長するので、他者の感情や気分を過剰なまでに推し量る。だから、自分の感情を犠牲にすることも多い。

娘の家に無断で押しかける親

Rさんは40代の自立した女性だが、母親はなおも娘を自分の感情でコントロールしようとしていた。Rさんが病気で数日寝こんだときには母親から1日に5回も電話がかかってきたことがあった。

もう治っただろうと勝手に思われ、家にも押しかけられた。Rさんが来ないでくれと頼んでいたのにだ。そこでついに、ドアに施錠した。後日、母親に言われたそうだ。「あんたに締め出されて頭にきたから、ドアを壊そうかと思ったよ！」

母親は「お前が元気になったか知りたかっただけなのに」という言い訳を盾に、さも自分が傷つけられたようにふるまった。

だが実際に母親が気にしていたのは自分の気持ちだけで、Rさんのことなどどうでもよかったのだ。

がむしゃらな親

もっともふつうに見えがちなタイプ。子どもの人生への投資も並外れて熱心ですらある。猪突猛進で、物事を成し遂げることだけを考える。

感情的な未熟さは一目瞭然だが、このタイプは子どもが成功するよう力を尽くしているかに見えるので、自己中心性を見抜きにくく、たいていの場合、周囲に害をおよぼすようには思えない。

だがその子どもはおそらく、自発性や自制心に問題を抱える。皮肉なことに、熱心さゆえに未熟さがわかりにくい親の子どもは、無気力で、うつ状態におちいることさえある。

じっくり観察すれば、こうした、いかにも生真面目で信頼できそうな人も精神的に未熟なことがわかるだろう。他者を憶測で決めつけ、自分と同じようにしたいはず、同じことに重きを置いているはずと考える。こうした過度な自己中心性が、自分は他者の「ためになっている」という思いこみへとつながる。

また、見た目のうえでは自信を失うことがなく、万事順調で、答えはもう決まっているというふりをしたがる。

子どもの興味や人生への夢を受け入れるより、自分がみたいものを選んで言葉たくみに押しつけ、子どもの人生にやたらと口出しする。

加えて、じゅうぶんなことをしなければ、という不安が彼らを駆り立てる。**子どもを含めた他者の感情よりも、自分の目標を達成することが何より大事**なのだ。

このタイプの親はたいてい、感情を奪われた環境で育ってきた。愛情を期待せず、自力でなんとかする術を身につけなければならなかった。

独立独行が多く、それを誇りに思っている。だから自分の子どもが成功を手にできず、恥をかくことを恐れている。

一方で、子どもを無条件で受け入れることができないため、やがて子どもが社会に出て物事を成し遂げていく際に必要な安定した基盤を与えてやれないのだ。

親にそのつもりがあるかはわからないが、子どもはつねに評価されているような気がしている。たとえば、子どもたちに目の前でピアノを弾かせては、間違いを指摘している親だ。子どもは大人の助けを求めたがらなくなることが多い。その結果、大人になっても、いい相談相手とのつながりを拒むようになる。

がむしゃらな親は、何につけ最適なやり方を知っているようにみえるが、ときにとんでもない行動に出ることがある。

ある母親は、娘はきちんとできないだろうからと、成人した娘の家賃を払うと言い張った。成人した息子が頼んでもいないのに中古車を購入し、いらないと言われて傷ついた母親もいる。太ってしまった若者が、毎日父親の前で体重を測らされた例もあった。

がむしゃらな親は、不安定な愛着行動を示す乳児の母親——敏感性の低い母親とどこか似ている。そのときどきの子どもの経験と向き合わず、子どもの気持ちに合わせることができない。かわりに、自分が考える〝型〟に子どもを押しこめる。

怖くて親にさからえない

弁護士のKさんは、横暴な父親から、成功するようにと絶えずプレッシャーをかけられてきた。

心理セラピストであるわたしとのセッションが始まったばかりのころ、彼女は子ども時代をこんなふうに語った。

「父はわたしを意のままにしていました。自分とちがう考えの人間はだれであれ認めないのです。わたしはまちがった選択をするのが怖くて、その不安だけでいろいろなことを決めていましたね。完全に父に支配されていたと思います。大学時代も門限があって、恥ずかしくてたまらなかったけど、それでも父にさからおうなんて夢にも思わなかったです」

父親は娘の思考まで意のままにしようとした。娘の考えが気にくわないと、即座に「バカなことを考えるんじゃない！」と怒鳴った。

受け身の親

このタイプは怒ったり、押しが強いといったことはないが、まちがいなく否定的な影響を与える。支配的な性格の人に唯々諾々（いいだくだく）と従い、未熟でより感情的な相手をパートナーに選ぶことが多いが、精神的な成熟度の似た者同士が惹かれ合うことを考えると、理にかなっている（ボーエン、1978年）。

ほかのタイプよりはいささか真っ当にみえるが、それも程度の問題だ。物事が過度に感情的になってくると、途端に受け身になり、心のシャッターをおろして、みてみぬふりを決めこむ。

子どもが世の中をわたっていくのに役立つこと——物事には限度や限界があるといったことを教えもしなければ、導いてやることもない。子どもを愛してはいるかもしれないが、力になってやることはできない。

未熟で自分本位なのはほかのタイプと同じだが、おだやかで陽気なことも多く、4タイプの中では一番人好きがする。

自分の欲求が妨げられなければいい親でいられる場合もあり、子どもに多少は心を寄せられる。

子どもも親とすごせるのはうれしいが、親が求めるのは自分を尊敬し、気配りをしてくれる相手だ。子どもはそれを満たすだけの存在にすぎないことがあり、この関係は**「精神的な近親相姦」**ともいえる。親の嫉妬や性的欲求まで引き起こしかねない危険なもので、子どもにとってはやりきれない関係だ。

子どもは、こうした親に助けを期待したり求めたりしても無駄だと悟っている。親が子どもとくつろぎ、楽しくすごし、子どもに特別感を抱かせることがあっても、親が本当は子どものためにそこにいるのではないことを察しているのだ。

実際この手の親は、子どもに有害な家庭状況でもみてみぬふりをし、子どもに自力でどうにかさせようとする。たとえばある母親は、夫が子どもたちに暴力をふるっていたことについても、まるで他人事のようにおだやかに話す。

「パパはときどき、厳しく接することもありましたね」

受け身の親は、トラブルの火の粉が降りかかってこないようにしなさいと教えられてきたことが多い。だから親になっても、子どもと楽しむことはしても、子どもを守らなければいけないとは思わない。最悪の事態になれば放心状態となり、自分の殻にこもるか、嵐が去るのを待つ。

彼らは、大変なことが続くと子どもを見捨てるうえ、自分がもっと幸せになれそうだと思ったら、家族すら放り出していくかもしれない。

家の中のトラブルもみてみぬふりの親

Iさんの母親は短気で暴力をふるった。長い勤務時間の後、むっつりして帰宅。

父親はやさしく、たいてい上機嫌で、家に帰れば、書斎でのんびりすごす。Iさんの面倒はほぼ姉がみていたが、姉も暴力をふるい、Iさんを見下していた。しかし父親は、Iさんがそんな目に遭っているとは考えもしなかった。

Iさんは父親のそばにいるときだけ安心していられた。父親のやさしさだけが人生を明るく照らしてくれた。愛を感じられた。だから父を尊敬し、父を守らなければと思った。

たとえば、カッとなった母親に居間で叩かれていたとき、父親がキッチンで鍋をガチャガチャしている音が聞こえてきた。Iさんはこの音を、パパはここにいるからね、という合図だと解釈し、父親が暴力を止めに来てくれることは期待しなかった——。

胸が痛くなる例だ。**精神的に恵まれない子どもは、大好きな親の行動をなんでも好意的に解釈しようとする。**

Iさんには軽い吃音（きつおん）もあり、遊園地に行った際に姉と友人にからかわれ、ヒステリーを起こしたことがあった。父親は、姉たちをたしなめることも、Iさんの気持ちに寄り添うこともなく、笑い飛ばしただけだった。帰りの車内では、みんなで次々にIさんの話し方を真似しては大笑いしていた。

拒む親

このタイプは、自分のまわりに壁をつくっている。子どもといっしょにいたがらず、1人でやりたいようにすごせるのが何よりの幸せと見える。

子どもは、自分がいないほうがいいんだと思っている。そばに行くと親がイライラするからだ。うれしくて走っていったのに目の前でいきなりドアを閉められたようだったと表現した人もいる。

この手の親は、愛情に満ちたやりとりや心の交流に引きこまれそうになるのを拒む。しつこく迫られれば、怒るか悪態をつくことさえあるだろう。ひどい暴力もふるいかねない。

4つのタイプの中ではもっとも共感力も低い。精神的に親密になるのがいやだと伝えるために目を合わせないことが多く、あえてうつろな表情や敵意のこもった目で見つめて相手を遠ざけることもある。

また、自分の望みを中心に家庭を支配している。無関心で恐い父親がよい例だ。子どもに温かく寄り添うことがない。万事自分中心で、家族は本能的に父親の機嫌を損ねないようにする。こういう父親といると、子どもは単純に自分の存在を申し訳なく思う。だがもちろんこれは父親にかぎったことではない。

子どもは自分が、親をわずらわせ、いらつかせていると考えるようになる。

精神的に安定した子どもは、親にねだったりすねたりして望みをかなえていることが多いのに、**親に拒まれる子どもはなんでもあきらめてしまう**。それが大人になったときに深刻な影響をおよぼしかねず、自分の欲求を容易に伝えられなくなる。

子どもとのコミュニケーションもいやがる

Nさんの母親は娘とすごすのがうっとうしくてたまらなかった。

Nさんが会いにいっても、ハグするのをいやがり、すぐさまNさんの外見に何かしら文句をつけた。Nさんが部屋に足を踏み入れるや、親戚に電話をしろとせっつくのがつねだった。とっとと追いだしたいかのようで、Nさんがいっしょにすごそうと言おうものなら、イライラして、お前は親に頼りすぎだと怒った。

Check List

親のタイプを確認する

自分の親のタイプを見極めるために、つぎの項目を読んで、当てはまるものをチェックしよう。ただし、どのタイプもストレスがかかると、ほかのタイプの特徴を示す場合がある。

また、精神的に未熟な親が有する一般的な特徴——自分のことしか考えない、共感力が低い、自分と他人の心の境界線を無視してくる、精神的に親密になることを拒む、コミュニケーション能力がとぼしい、内省しない、人間関係がこじれても修復を拒む、すぐ感情的になる、衝動的、親しくなっても親しさを維持できない、などは、どのタイプにも見られる。

1―感情的な親は……

- □自分の欲求しか考えない
- □共感力が低い
- □自分がいっぱいいっぱいになると心の境界線を無視してくる
- □親密にならないよう身構える
- □コミュニケーションをとろうとしない。自分のことばかり話す
- □内省しない
- □人間関係を修復する技術がとぼしい
- □受け身で、自分で考えない
- □他者とのつき合い方が近すぎるか疎遠
- □怒って怒鳴りちらしたり、相手の話をさえぎったりする
- □精神的に親密になることに恐れを抱いたりおびえたりする

□子どもになだめてもらうことを期待し、子どもの欲求は無視する
□自分は主導権など握っていないふりをしたがる
□被害者意識が強い

2―がむしゃらな親は……

□自分の欲求しか考えない
□共感力が低い
□自分がいっぱいいっぱいになると心の境界線を無視してくる
□親密にならないよう身構える
□コミュニケーションをとろうとしない。自分のことばかり話す
□内省しない
□人間関係を修復する技術がとぼしい
□受け身で、自分で考えない
□他者とのつき合い方が近すぎるか疎遠
□厳格な価値観を持った完璧主義者

□目標達成しか眼中になく、機械のように突き進む
□子どもは自分の姿の反映とみなし、子どもの気持ちを考えない
□自分は主導権など握っていないふりをしたがる
□万事をとり決めるのは自分だと思っている

3—受け身の親は……

□自分の欲求しか考えない
□共感力が低い
□自分がいっぱいいっぱいになると心の境界線を無視してくる
□ときおり精神的に親密になれる
□きわめてわずかなコミュニケーションしかとらず、ほぼ自分の話しかしない
□内省しない
□人間関係を修復する技術がとぼしい
□たまに自分で考える
□他者とのつき合い方が近すぎるか疎遠

- □やさしく、楽しいこともあるが、守ってはくれない
- □自分が何もしなくても万事うまくいっているという自由放任主義
- □子どもをいとおしむが、かばいはしない
- □ほかの人が主導権を握ったり、悪者になるのを好む
- □自分はよくできたやさしい人間だと思っている

4 ― 拒む親は……

- □自分の欲求しか考えない
- □共感力がない
- □自分の境界内にほかの人を入れない
- □人とのかかわりを断ち切り、敵意を抱いているように見える
- □コミュニケーションをとることはめったにない
- □内省しない
- □人間関係を修復する技術がとぼしい
- □受け身で、攻撃的で、相手を見下す

□よそよそしい
□子どもを無視するか、子どもに怒りをぶちまけることがある
□しょっちゅうそっぽを向いて怒っている
□子どもを自分の兄弟のように考え、子どもには近づきたがらない
□嬉々として相手をあざけり、追いやる
□自分を孤高の存在だと思っている

いずれのタイプも自分のことしか考えず、鈍感なので、きちんとした感情を持って子どもに接することができない。共感力がとぼしいため、ほかの人とコミュニケーションをとったりつながることが難しい。

この章でみてきたように精神的に未熟な親のタイプは大きくわけて4つだが、その子どもはおもに2つのタイプにわけられる。それが「内在化」と「外在化」だ。次章では、このまったく異なる2つのタイプについてみていくことにする。

5

重荷を背負い、乗り越えてきた人生

しんどい親を持つと、子はファンタジーの世界に逃げ込む

精神的に未熟な親が子どもと精神的にかかわれず、じゅうぶんな関心を持ったり愛情を与えたりできないと、子どもは、いつかは自分の欲求が満たされるというヒーリング・ファンタジーを持つことで対処する。

また、特別な家族の役割をみいだし、「役割としての自己」といったものをつくり出していくこともある。役割としての自己は、自分のことしか考えない親から関心を持ってもらおうとつくり出される。

本章ではヒーリング・ファンタジーと役割としての自己について検討し、ついで、子どもが精神的なネグレクトに対処するために用いるまったく異なる2つの対処法、内在化と外在化について探究していこう。

残念ながらいずれの対処法でも子どもが自身の可能性をじゅうぶんに伸ばすことはできない。親が自分のことしか考えないせいで、こうした子どもは、親に自分のほうを向いてもらうには、本当の自分ではダメなんだと感じ、気づいてもらうには自分以

外の存在になるしかないと思いこんでいく。

「いつか幸せになれる」というストーリー

未熟な親を持った子どもは、親の精神的制約に慣れていくしかない。子どもは、気づいてもらおう、関心を持ってもらおう、触れ合ってもらおうと対応する。やり方はさまざまだが、共通しているのは、**いずれ自分の欲求は満たされるだろうと夢想すること**だ。

子どもは、人生にまつわるいろいろな事柄を見聞きし、それを自分で組み立てながら世の中を理解していく。そして、どうすればもっと心地よくすごせるかを想像し、いつの日か幸せになれるという希望に満ちた物語を生み出す。

そんな物語をわたしは「ヒーリング・ファンタジー」と呼んでいる。

子どもはよく、悩みや精神的な孤独を解決するには、自分や他者を何かべつの存在に変えればいいと考える。したがって、どんなヒーリング・ファンタジーも「○○でさえあれば」という話になる。

「自分がもっと相手のことを思いやり、親が喜ぶような子どもでさえあれば愛してもらえるのに」とか、「理解と思いやりのあるパートナーさえみつけられれば……」といった具合だ。

残念ながらヒーリング・ファンタジーは、子どもの心から生み出された、子どもの解決法なので、概して大人の現実には適さない。

しかしどんなヒーリング・ファンタジーも、つらい毎日を生き抜く力、もっと素敵な未来が待っているという前向きな希望を子どもに与える。

多くがそうやって、悲惨な子ども時代を乗り越えてきた。いつか愛され、心を寄せてもらえるというファンタジーが、彼らを前へ進ませ続けるのだ。

「傷ついた心」を他人に押しつけてしまう

大人になれば、もっとも近しい関係の相手が自分のヒーリング・ファンタジーを実現してくれるのではないかと期待する。

精神的な孤独もいずれは、誰かが癒やしてくれると考えるかもしれない。だがこうした幻想が、事態をかえって悪化させることもある。

ある女性は、うつ状態の父親を幸せにできれば、いつかは自分も自分の人生を自由に生きられると密かに信じていた。

ひたすら夫に尽くせば、いつか自分が望んだように愛してもらえると信じた女性もいた。しかし、いつまでたっても関心を向けてくれない夫に腹を立てていた。

その**怒りは、どんなに努力してもヒーリング・ファンタジーを実現できないと悟ったときの不安をごまかす感情だ。**彼女は子どものころから、「いい子」にしていればだれからも好かれると信じていたのだ。

ふつうは自分のヒーリング・ファンタジーを人に押しつけようとしないものだが、愛情がからむ関係において、相手を試してみようとする際にみられることがある。「私のことが好きなら、○○してくれて当然でしょう?」ということだ。

しかし、わたしはパートナーとの関係に悩んでいる相談者には、こんなふうに伝えている。

「あなたは、自分のヒーリング・ファンタジーのままに、子どものころからずっと望んでいた愛情を押しつけようとしているのですよ」と。

「役割としての自己」をつくり出す

親や世話をしてくれる人から、「ありのままの自己」にしっかりと向き合ってもらえないと、子どもは彼らとのつながりを築くためにどうするべきかを考える。そして、家族の中で居場所を確保するために、「ありのままの自己」でいるかわりに「役割としての自己」あるいは「偽の自己」(ボーエン、1978年)をつくり出す。

そしてこの「役割としての自己」がしだいに、「ありのままの自己」にとってかわっていく。「役割としての自己」の奥底には「なんとかしてみんなの関心を自分に向けてみせる」という苦しい考え方もあるだろう。

「役割としての自己」は、無意識のうちに身につけていく。意図してそうなる人はいない。

相手の反応をみながら、少しずつつくり出し、それが自分の居場所を手にするいちばんよい方法だと考えている。その結果大人になっても、かつて親に対してそうであったように、だれかに関心を持ってもらいたいという願いを持ったまま、役割を演じ続ける傾向がみられる。

しかし、そのような「いい子」を演じ続ける子がいる一方で、すべての子どもが前向きな自己をつくり出すわけではない。多くの子どもが、失敗や怒り、精神障害、精神的不安定といった悲惨な役割を演じているのはどうしてなのだろう。

実際、すべての子どもに、自制しながらほかの人とうまく交流できる能力が備わっているわけではない。それが答えの1つだ。遺伝的および神経的特徴によって、建設的な行動のかわりに、衝動的な反応をしてしまう子どももいる。

また、精神的に未熟な親が、うやむやなままの「役割としての自己」やヒーリング・ファンタジーを描いているために、複数の子どもを無意識のうちに利用することがよくある。これがもう1つの答えだ。

たとえば、1人の子どもを、非の打ちどころがない理想の子どもとして溺愛し、ほかの子どもには、親をわずらわせてばかりいる無能な子というレッテルを張る、などだ。

「デキの悪い子」を生む親の言葉

子どもが「役割としての自己」をつくり出さざるを得ないようなプレッシャーにさらされるわかりやすい例が、自信のない親だ。

子どもの依存心や不安感をあおることによって、自分を子どもの人生の中心に置こうとする。「やっぱりわたしがいなきゃダメね」ということだ。

父親の例としては、自分の無力さを持てあまし、息子を見下すことで強さを感じようとする（「自分だけがおまえたちを導けるんだ」）。

自分が腹を立てたり身勝手なことをしているのに、それには気づかないふりをし、子どもが悪いのだと決めつける親もいる（「わたしたちはいい親なのに、あの子たちは卑屈で情けないことばかりするの」）。

子どもの将来をわざわざ台無しにしようとする親はまずいないが、**自分が不安を抱えていると、その否定的で望ましくない資質を子どもの中にみてしまう**（ボーエン、1978年）ことがある。

これは、コントロールすることができない、強い心理的な防御反応だ。

子どものころに親の欲求にぴったり一致する役割をみつけると、子どもは早急にその「役割としての自己」になりきる。だが、家族の中で求められる存在になっていく過程で、真の自己はどんどんみえなくなっていく。

そうして大人になったときに、親密な人間関係づくりができない可能性がある。「役割としての自己」のままでは、心から満ちたりた深い関係は築けないからだ。「ありのままの自己」をきちんと表現できなければ、相手には共感してもらえない。共感がなければ、「役割としての自己」同士が仲よしごっこをしているだけだ。

役割を演じる努力は、自分自身でいるよりもはるかに疲労する。また、あくまでも「つくりものの存在」なので、不安定で、いつ仮面がはがれるかとおびえてもいる。「役割としての自己」はいつまでも演じ続けられない。遅かれ早かれ、自分が本当に求めている欲求がわきあがってくる。

「ヒーリング・ファンタジー」と「役割としての自己」

ここで自分が大切に守ってきたものをみてみることにしよう。

紙を2枚用意してほしい。それぞれに「ヒーリング・ファンタジー」と「役割としての自己」と書こう。

前半では自分の「ヒーリング・ファンタジー」について認識する。「ヒーリング・ファンタジー」と書いたほうの紙に、次の文章を書き写し、完成させてほしい。

あまり考えすぎず、パッと思いついたままに書いていくこと。

- ほかの人がもっと（　　　　　）だったらいいのに
- 人はどうして（　　　　　）するのが大変なのか？
- たまには、自分に（　　　　　）接してくれる人を愛したい
- いずれ（　　　　　）な人とめぐり会うかも
- いい人がいる理想の世界では、ほかの人も（　　　　　）だ

次は同じようにして「役割としての自己」についてみていこう。

「役割としての自己」と書いた紙に、次の文章を書き写し、完成させてほしい。こちらも、直感で思いついたことを書いていくこと。

- 一生懸命やっているのは（　　　　　　　　　　）な人になること
- みんなが自分に好意を持ってくれている大きな理由は（　　　　）だ
- 自分がどんなに（　　　　　　）でも、ほかの人は認めてくれない
- いつも（　　　　　　　　）という存在でいないとならない
- （　　　　　　　　　　）という人になろうとがんばってきた

文章を完成させたら、自分が書いた言葉や考えから、自分の「ヒーリング・ファンタジー」と「役割としての自己」、それぞれを説明する短い文章をつくってみよう。胸に秘めた思い――相手がどう変われば、自分で自分の価値を認められるのか、愛されるためにはどうしなければいけないと思っているのか、がみえてくるだろう。

最後に、相手に変わってもらうためにどんなことをしてきたか、そして、このテストで明らかになった、自分が演じていた「役割としての自己」についてどう思ったか

をまとめてみよう。

このまま「ファンタジー」の世界に生き、「役割としての自己」を続けていきたいだろうか？　それとも「ありのままの自己」を表現していきたいと思っただろうか？

もしも後者なら、このあとの内容が役に立つと思う。

困った親に対応する「2つのスタイル」

「ヒーリング・ファンタジー」と「役割としての自己」は、千差万別のスタイルを持つ。精神的に未熟な親を持つ子どもが親に対処する方法は、問題を「内在化する」か「外在化する」かの二者択一だ。

内在化する子どもは「自分しだいで状況を変えられる」と信じているが、外在化する子どもは「ほかの人に変えてもらおう」と考える。

なんとかして自分の欲求を満たそうとする場合、両方の考え方をする子どももときにはいるが、たいていはいずれかの対処法を用いる。

いずれのスタイルをとるかは、みずから選ぶというよりおそらく、個性や性質の問題だろう。どちらにせよ欲求を満たしたいという思いからだ。だれしも内在化したり外在化したりする時期があるが、基本的にはどちらか一方に傾いていることが多い。しかし、できればバランスがとれていることが理想だ。

内在化しがちな人は外部、つまりほかの人に助けを求めることを、外在化しがちな人は、自制できるよう内面をみつめることを学んでいこう。

◆内在化タイプ

内在化タイプは心の活動が活発で、学ぶことが好きだ。内省し、自分の間違いから学ぼうとすることで、問題を徹底的に解決しようとする。

感受性が豊かで、原因と結果の理解に努める。人生はみずからを成長させる機会ととらえ、楽しみながら自分の能力を高めていく。

がんばれば、ものごとをよりよくできると信じ、自分の問題は本能的に自分で責任を持って解決しようとする。

ほかの人を不快にさせたときの罪悪感や、自分を偽っていると非難される恐怖感を抱いたときに、主として不安を覚える。人間関係がもっとも大きなダメージを受けるのは、自己犠牲が行きすぎ、その結果、自分がこんなに尽くしているのにと怒りを覚えるときだ。

◆外在化タイプ

このタイプは、考える前に行動する。とにかく早く不安を払拭したくて、すばやく反応し、衝動的にものごとを進める。内省することはほとんどなく、何かあれば自分の行動よりもほかの人や環境のせいにする。

自分の間違いを将来に活かすことはめったにない。自分が幸せになるためには周囲が変わらなければならないという考えに固執し、自分の望むものをほかの人が与えてさえくれれば問題は解決すると信じている。この対処スタイルは自滅的かつ破壊的であるため、まわりの人は、彼らの衝動的な行動のせいでもたらされるダメージの修復をせざるをえない。

彼らは、自分は有能な人に助けてもらってしかるべきだ、ほかの人ばかりいい目にあっていて、不公平だと信じている。

セルフイメージは、極端に自信がないか、多分にうぬぼれているかのどちらかだ。

周囲からのなぐさめをあてにしていて、薬物を乱用したり、人間関係に過剰に依存したり、目の前の喜びにすがったりしやすい。

安心感を得ている源から切り離されると、すぐに不安を覚える。

人間関係においては、直情型な人に引かれやすく、ほかの人にサポートや安心感を求めすぎる、などが言える。

「外在化タイプ」の世界観

どちらの対処スタイルに、より問題があるかは簡単にはいえない。

内在化はみずから苦しむことが多いが、自分を責めるがゆえにほかの人からの励ましやサポートを引き出しやすいというい い面がある。

対して外在化は、しばしば相手を怒らせる行動に出るので、助けが必要になっても相手から距離を置かれがちだ。しかし彼らはたいてい、ほかの人が手を差し伸べてくれるまでアピールし続ける。

反対に内在化は、自分の中ではすでにもう限界を迎えていても平静を装い、黙って苦しんでいることがある。まわりに援助を必要としていることが伝わらない場合が多い。

本書を手にとるのはおそらく大半が内在化タイプだろう。自身や他者を理解する一助として書かれているからで、外在化タイプは概してそういったことに関心がない。精神的に未熟な親は多くが外在化タイプであり、現実ときちんと向き合おうとせず、むしろ現実を前にもがいている。彼らは、自分たちの問題を周囲のせいにする。そう、まさに子どものようだ。

外在化タイプは心理的な成長をはばみ、いつまでたっても精神的に未熟なままだ。対して内在化タイプは、内省することで心理的に成長していく。

内在化タイプについては6章でみていくことにして、本章では外在化のさまざまな面について考えていきたい。

悪循環を断ち切る方法

外在化タイプがよく引き起こすのが罰や拒絶だ。

自制できず不安や苦痛や憂うつをあらわにし、衝動的な行動で問題から目をそらす。

一時的に気分はよくなるかもしれないが、これではいずれ問題が大きくなるだけだ。

さらに、つかの間とはいえ強烈な恥ずかしさや挫折感にさいなまれる。だが、どうやって自分が変わればいいのかとは考えず、たいていはその感情を否定する。衝動的な行動に出ては挫折感を覚え、それを否定するためにまた衝動的な行動に出るという悪循環だ。

その結果、一時的に自尊心ががくんと低くなり、「自分が悪い」という感覚にくり返しみまわれるようになる。そのままならやがて完全な自己嫌悪におちいるが、彼らはそれを避けるためにほかの人のせいにして、言い訳を重ね、ネガティブな気持ちから抜け出す。

結局、自分が求める精神的なサポートを得られずに終わることが多い。

「私を救うために、あなたが変わってほしい」

彼らは失敗を成長や学びの機会ととらえない。失敗したとたんにストレスにさらされるからだ。自分の問題はほかの人が解決してくれると信じ、ほかの人が自分を気分よくしてくれると考え、すぐに手助けしてくれないことに怒りさえする。外在化を放置しておくと精神的に成熟できないため、精神的に未熟な親の大半がこのタイプだ。

子どもにおける外在化は、親への精神的依存と絡み合った関係を促進する（ボーエン、1978年）。

さらに、精神的に未熟な親が外在化タイプの子どもを甘やかす場合もある。わがままな子どもといっしょにいると、「あの子は親がいないと何もできない。わたしが弱い子どもを助けているのだ」という役割を気どることができるからだ。

外在化タイプの子どもはしばしば行動障害や衝動性、不安定な感情、さらには依存症などにも苦しむが、外在化の行動には、子どもの苦悩が明らかになるという利点もある。

苦しみを内に秘めたままにしておくことができないので、反抗的、対立的、問題児などと誤解される場合もある。

外在化タイプはつねに他罰的だ

外在化タイプが極端な場合には、他者を食い物にする。他者をただ利用するための存在としかみず、他者の権利や感情を尊重することもないソシオパスだ。

それよりおだやかだったり、ひかえめだったりすれば、対立はしないので一見内在化タイプのようにみえることもあるが、**自分ではなく他者が変わるべきという考えを持っている人は外在化タイプと認められる**。

おだやかな外在化タイプの例をあげよう。

ストレスがたまるとしばしば自制心を失い、妻子に怒鳴りちらしてしまうと相談にきた男性だ。彼が育ったのはしつけが厳しい家庭で、間違いを犯せば叩かれたり恥ずかしい思いをさせられたという。つまり外在化のモデルを山ほどみてきたわけだ。

だが、自分が家庭を持ったときには、家族ともっといい関係を築きたいと心から願い、妻子を自立した一個人――威圧せずに協力してやっていくべき存在として受け入れようと必死に努力した。

おだやかな外在化にはさまざまなタイプがある。すでに述べたように、一見内在化にみえるケースもあるだろう。肝心なのは、次の例のように、自分の不運や不幸を他者のせいにするかどうかだ。

心の中で不満を募らせてきたけれど

Lさんは一見、みんなが幸せであるよう尽くしている、共感力の高い内在化タイプに思えた。

妻には、自分のいいところや悪いところをきちんと告げ、自分の行動で彼女が受け入れがたいものははっきり言ってもらっていた。

そんなLさんがうつ状態になり、自分がわからなくなってしまったと相談に来た。妻が自分のもとから去っていくのが不安で、妻を怒らせないよう、彼女の言葉にいっさい異を唱えずにいたというのだ。

だが、心の中では自分に文句を言う妻に不満をつのらせていた。外在化タイプである本当の彼は、妻が自分の幸不幸を支配していると思い、自分は何ひとつ自由にできないと考えたのだった。

Lさんは横柄な母親に育てられ、じゅうぶんに大切にしてもらえず、大人になっても威圧された子どもの役割を演じ、今度は妻に支配されていると考えるようになった。

治療中、彼は自分を「鎖につながれた囚人」と称した。まさに外在化タイプが抱くイメージだ！

自分の問題はだれかが解決してくれると信じており、この思考パターンを認識するようになるまでは、もっと重度の外在化タイプと同じように、そこから抜け出せずにいた。

幸い、治療を続けていくうちに、彼は自分の気持ちをはっきり言えるようになっていった。もちろん妻は、夫が悩んでいるとは思っていなかった。夫が何も言わないから、なんでも自分で決めてきただけだったのだ。

外在化タイプは兄弟を虐待することがある

わたしが治療している内在化タイプには、自制心を失った外在化タイプの兄弟がいたケースが多い。

患者の状況はいずれも同じで、みな、親があいだに入ってくれず、利己的で甘やかされた兄弟姉妹からつらい子ども時代を強いられてきた。

親は外在化タイプの兄弟をえこひいきすることが多く、わがままな兄弟を叱らない。性的虐待にまで発展したケースもあるが、信じてもらえないからとそれを親には話さなかったという。話したところで、親は虐待したほうの兄弟をかばうだけだった。

こうした家庭では、内在化タイプの子どもが不公平だと不満を口にしても、たいていの場合、親に黙らされてしまう。「兄弟とはうまくやりなさい」、あるいは「兄弟の問題をあなたが理解してあげなさい」と言われる。

親にしてみれば、外在化タイプの子どもを怒らせれば何ひとついいことはない、だから内在化タイプの子どもに、兄弟の欲求を満たしてやれと問題を押しつけるのだ。

外在化タイプはまた、自分が虐待されたと不当に訴えることもある。被害者だから、特別な心配りをしてほしいというふりをする。

まったく身に覚えがないにもかかわらず、外在化タイプの弟から、子どものころに性的虐待を受けたと非難されショックを受けた女性もいた。彼女は10代のころ、祖父の世話に追われ、同時に自分の時間を犠牲にしてまで幼い弟の世話をしてきたにもかかわらず、である。

弟の理不尽な非難はまさに、好き勝手に生きられない理由を外部に求めようとするものだった。

相談者である姉はもちろん、性的虐待などしていないと訴えたが、親は一も二もなく弟の言葉を信じた。弟と親の演じた役割——不運な被害者とそれを助ける存在——はしっかりと成立してしまい、「事実」が入りこむ余地はなかった。

◆対処が切り替わる場合：混合タイプ

さまざまな人間性と同じで、人格特性もそれだけで存在するものではない。どんな特性も、ほかとのつながりの中で存在している。

内在化と外在化は一連の流れの中で生じるものの、それぞれのパターンの間には大きなへだたりがある。

条件が整えば、いずれのタイプも、もう一方のタイプを思わせる行動をとることがある。たとえば、いったんどん底まで落ちこんだ外在化タイプは、周囲が自分に合わせてくれるのを期待するのではなく、自分が変わらなければならないと思う。

逆に内在化タイプも、過度なストレスにさらされると、外在化タイプのように衝動的な行動に出ることがある。

外在化タイプが変われる可能性はあるか

結局のところ、外在化と内在化は人間の2つの側面にすぎない。環境や状況に応じて、いずれかの特徴を示すのだ。

概して、専門家に相談したり、自己啓発書を読んだりする人は、内在化タイプの対処法を選択する。このタイプはいつも、自分の人生をよりよくするために自分にできることを考えている。

対して問題を外在化する人は、裁判やパートナーからの最後通牒（つうちょう）や社会復帰、といった外圧を受けて、しぶしぶ治療を受けることになる可能性が高い。

内在化タイプがストレスにさらされると

対して内在化タイプは、過度なストレスを受けたり孤独におちいったりすると外在化することがある。自己犠牲がすぎると、内在化タイプはその苦しみを表に出そうと、ささやかな不倫などを始めることがある。

羞恥心や罪悪感が強く、みとがめられることを恐れているのに、精神的もしくは性的なさみしさから不倫がやめられない。

不倫によって、自分は生きている、特別なんだという思いを抱くことができ、不倫相手からは、注目されたいという欲求を満たせるからだ。

中年の危機——**かつては責任感のあった人が、その価値観を意外なやり方で一変させるような状況**——の多くもこれで説明がつくだろう。

彼らは、個人的にもっと充実した人生を求めて、義務や責任を突然拒むようになる。だが、典型的な内在化タイプの立場から考えると、中年期の変貌は突然でも驚くことでもない。それは長年自制し、他者の欲求ばかりを優先してきた結果だろう。

もう自分が変わるしかない

内在化タイプのXさんは、慢性的な背中の痛みを抱えながらひたすら、自分のことしか考えない母親と口うるさい上司を喜ばせようと努めてきた。

彼が相談にきたのは、自分の人生を変える方法を求めてのことだった。だが仕事でのストレスが増え、孤独にさいなまれ、サポートも得られないと感じるようになると、鎮痛剤とアルコールの量が増え、外在化が始まった。

そしてついに、このままではじきに、この依存症状を治すために、どこか施設に入らなければならなくなると気づく。

幸いにして専門的な治療により、薬に逃げることなく、また以前のように自力で問題を解決できるようになった。

Check List

自分の対処スタイルを知る

ここからのチェック項目でわかるのは、自分が内在化タイプ、外在化タイプのどちらにより近いかだ。

ただし、次にあげる特徴はいずれも極端なものであり、問題を前にしたときの2つのタイプの違いを強調して書いてあることを忘れないでほしい。

外在化タイプの特徴

◆人生への向き合い方

□ひたすら今を生き、将来どうなるかは考えない
□解決策はまわりからもたらされると思っている
□ものごとをよくするには、あくまでもほかの人しだいだと考える

□行動が先で、考えるのはそのあと
□難局を過小評価する

◆問題に対する反応

□何が起こってもすぐに反応する
□問題はほかの人のせいにする
□環境が悪いと考える
□気を晴らすために現実を否定したり現実逃避したりする

◆心理的なスタイル

□衝動的で自己中心的
□感情は意のままにはできないと考えている
□すぐキレる
□内なる心の世界に関心はない

◆人間関係のスタイル

- □まわりの人が助けてくれることを期待している
- □状況をもっとよくするにはまわりの人が変わるべきだと考える
- □人は自分の話に耳を傾けてくれるものと、好き勝手に話をしがち
- □ほかの人に「口やかましく言わないでくれ」と求めている

内在化タイプの特徴

◆人生への向き合い方

- □将来のことを心配しがちだ
- □まず自分の中で解決策を考える
- □状況をよくするために自分は何ができるだろう？　と慎重に考える
- □起こりうることを考える
- □難局を過大評価する

◆**問題に対する反応**

□何が起こっているかを理解しようとする

□問題に対し「自分はどう関係しているのだろう?」と考える

□内省し、責任をとる

□自力でその問題について考え、対処する

□現実を現実のままに受け入れ、現実を変えようとする

◆**心理的なスタイル**

□考えてから行動する

□感情はコントロールできると考えている

□すぐ罪悪感を覚える

□内なる心の世界をおもしろいと思っている

◆**人間関係のスタイル**

□まずほかの人の欲求を考える

□自分が変われば状況はもっとよくなると思う
□問題について話し合うことを求める
□問題に対して、ほかの人が理解する手助けをしたいと思う

自分が内在化タイプだとわかった場合、人間関係で気を使いすぎて疲れているかもしれない。

対して外在化タイプだとわかった場合、このタイプは、支えてくれる周囲の人たちを疲れさせているかもしれない。

バランスが肝心

いずれのタイプにせよ極端な特徴を示している人はたいてい、日々の生活において深刻な問題を抱えている。

極端な外在化タイプは身体的な症状があったりその行動に問題があったりする場合

が多く、極端な内在化タイプは、不安症やうつ病といった精神的な症状がみられがちだ。

どちらのタイプの特徴も、状況によってプラスにもマイナスにもなりうる。たとえば、声をあげず、助けを求めようとしない内在化タイプは、自滅傾向を募らせ、やがて何もできなくなってしまうかもしれない。

一方で、人生が思うようにいかないと思っているかもしれない外在化タイプが、その衝動的な特徴ゆえに進んで行動をおこし、いろいろな解決策を試してみようとする場合もある。

正しい状態であれば、いずれのスタイルも有益なのだ。要するに、どちらも極端になれば問題が生じやすいわけだ。

だが、概して外在化タイプのほうが、非現実的で適応力にとぼしい。極端な外在化タイプは対処の仕方が未熟で、そのせいできちんとした人間関係を築くことができず、精神を成熟させることもできないからだ。

6

「1人でがんばる」のをやめる方法

繊細で鋭い勘

内在化タイプの子どもは勘が鋭く、親が自分と本気でつながっていないことにも気づいてしまう。

心の傷がしっかりと残ってしまうため、精神的に未熟な親のもとで育てられることで深刻な影響を受けることになる。些細なことにも敏感で、親が精神的にかかわってくれないと、その結果生じる孤独によりいっそう苦しむのだ。

内在化タイプの人は「どうして自分はこんなにもほかの人の気持ちを察してしまうのか」と思っているのではないだろうか。

それは、他者の気持ちや欲求に合わせるよう——神経系のような基本的な何かに促されているからかもしれない。

内在化タイプは人生のさまざまなことに反応し、ほかの人や周囲のさまざまな振動をとらえては音叉のように共鳴する。こうした勘の鋭さはすばらしい長所であるが、わずらわしくもある。ある人はこんなふうに言う。

「わたしの頭はありとあらゆるものを吸収しちゃうんです！」

内在化タイプは、生まれながらに鋭敏な神経系を持っているのかもしれない。乳児の環境への適応レベルには、かなり早い時期からちがいがみられることが複数の研究から明らかになっている（ポージェス、2011年）。

わずか5カ月で、ほかの乳児よりはるかに鋭い知覚力を示し、関心を維持している乳児もいる（コンラット、ミーゼル、アブロウ、2013年）。こうした特徴は、子どもが成長した際のさまざまな行動とも関係があることがわかっている。

神経科学者ステファン・ポージェスは、持って生まれた神経学的なちがいは新生児にもみられると断言している（2011年）。

彼の研究によれば、ストレス下において自分で自分を落ち着かせ、生理作用を調節する能力は、人生のごく初期の段階から個人によって大きく異なるという。幼児期から、ある対処スタイルになりやすい性質というのが存在するのかもしれない。

内在化タイプは強い感情を持つ

外在化タイプとちがって、内在化タイプは感情をすぐに表に出すことはない。そのため彼らの感情は内に秘められたままどんどん強くなっていく。

また、ものごとを深く感じるために、神経過敏や感情過多と思われることがよくある。つらい経験をすると、悲しい顔をしたり泣いたりするが、それは、感情を病的に恐れる親にとっては耐えられない。

対して外在化タイプは強い感情を抱くと、自分の内で悩まずに行動で表す。だから周囲からは、**感情のせいでそういう行動に出ているにもかかわらず、感情よりもむしろ行動に問題があるとみなされがち**だ。

精神的に未熟な親は、内在化タイプの子どもが抱く感情に対してはうっとうしく思ったり軽蔑したりして、無視するか拒むことが多い。

外在化タイプは未熟な親に行動が問題だと言われ、内在化タイプは本質そのものが問題だと告げられる。

つながりを強く求める

内在化タイプに共通点があるとすれば「内なる経験を分かち合いたい」という思いだろう。

子どものころから彼らが求めるのが、精神的なつながりだ。だから、精神的にかかわろうとしてくれない人や無表情な人のそばにいると、心が傷つく。

その人とつながっているというかすかな証しを求めて、相手のしぐさを必死に読みとる。これは、おしゃべりしたいといった欲望とはちがう。自分を理解してくれる、わかり合える人と心でつながりたいという強い渇望だ。

4章を思い出してほしい。乳児がしっかりとした愛着を形成していくには、親からの感情的な反応や意思の疎通が欠かせないと述べてきた。親子の絆はそうやってつくられていく。

研究によれば、しっかりとした愛着を形成した乳児でも、母親が反応するのをやめ、無表情になると、不安を覚えて泣き出すという（トロニック、アダムソン、ブラゼルトン、1975年）。

自分のことしか考えない親に育てられる内在化タイプの子どもは、親が喜ぶことをして、自分の欲求を隠していれば、親に愛してもらえると考えることが多い。相手のことを大事にして優先していれば、つながりを築けると信じているのだ。

「いい子になろう」とがんばり続ける人

Oさんは41歳のプロの音楽家。人といるとイライラすることが増えてきて、緊張を解いてリラックスすることができなくなった、と相談に来た。

彼女は、この問題の根本にあるのが、家族からの感情的な反応がないことへの怒りであることを理解していた。家族は仲がよく、たがいへの思いやりを重視する、ごくふつうの家庭に育ったが、Oさん自身は家族とのつながりを感じられなかった。

「家族の無反応にはうんざり。わたしの話に耳を傾けることも、本当のわたしを理解してくれることもないんです」

やがて彼女は肩を落とし、自信なさそうな小声で言った。

「ずっと、いい子でいるように言われてきたのに、ちゃんとできなかった。わた

しが怒っても無視された。すごく感情的になっても、気づいてもくれませんでした」

Oさんの怒りは、長い間に積もった悲しみだった。

両親の態度は一見ごくふつうなので、どうして自分は拒絶されている気がするのか、Oさんは必死に理解しようとしてきた。外からみれば仲のいい家族に、彼女の孤独感はそぐわない。自分に何か問題があるのではないかと悩んだ。

内在化タイプのOさんは、真の精神的なつながりを強く求めていた。家族は、そういった人間関係に興味がなく、彼女の熱い思いは伝わることがなかった。

親はごくかぎられた役割を演じ、兄弟もしかりだった。

Oさんは長い間精神的に苦しみ、もがいてきたけれど、彼女が聡明で、社会的にも成功したために、だれもそのことに気づかなかった。

だがどんなに成功したところで、彼女の心は空っぽのままだった。むなしい心を埋めようと、みんなを笑わせ、楽しませようと奮闘してきた。**自分の価値は、ほかの人に尽くすことでしか認められないと感じていたのだった。**

なによりも欲しいのは「心からのふれ合い」

孤独感や、つながりがないといった感覚はストレスをしいられるが、その理由を考えたことはあるだろうか。

1人でいると居心地がよくない、楽しくない、というだけだろうか。何かもっと深い要因があるかもしれない。

とても基本的なことだからこそ、避けたり、退けたり、孤立させたり、追い出したりすることは苦しみとなるのだろう。それほどまでに精神的なつながりが重要なのはどうしてなのか？

前述の神経科学者ポージェスによると（2011年）、哺乳類は、他者の近くにいたり、他者と接したりすることで心おだやかになるという独特の対処本能を発達させてきたという。

爬虫類にみられるような、戦ったり、逃げたり、固まってしまったりといった無意識のストレス反応のかわりに、哺乳類は、同類他者との安心できる接触を求めることで、心拍を落ち着かせ、肉体的な苦痛を軽減できる。

哺乳類はある種の迷走神経経路が発達したおかげで、物理的に近くにいたり、ふれ合ったり、落ち着ける音を聞いたり、目を見合わせたりするなどして安心感を得られ、ストレスホルモンや心拍数を軽減できる。

こうした鎮静効果のおかげで、貴重なエネルギーを保持し、強力なグループを形成するすばらしい社会的なつながりをつくり出すこともできた。

人間を含めた哺乳類は、この安心感を求める欲望のスイッチが入ると、不思議なことがおこる。

危険が去らなくても、個体それぞれは、自分の群れや大切な存在とつながっていると感じているかぎり、比較的おだやかな状態でいられるのだ。

哺乳類は多分にストレスを感じながら生きているが、本能的に他者とかかわることができるため、友好的に接するだけで安心感を手にすることができ、エネルギーを回復できる。

この本能のおかげで、哺乳類はほかの動物に比べてはるかにエネルギー効率よくストレスに対処できる。

◆つながることはふつうのことで、依存ではない

内在化タイプにとって大事なのは、精神的なかかわりを求める本能的な欲求を前向きにとらえること。

自分は愛情に飢えすぎているだとか、依存している、などと考える必要はない。ストレスを感じたとき、本能的に他者になぐさめを求めることで、人はいちだんと強くなり、適応力も高くなる。なぐさめを求める哺乳類の健全な本能がきちんと働いている証拠だ。共感や理解を求めるのが弱さの証しだと考えるのは、感情を病的に恐れる人、精神的に未熟な人だけだ。

◆家族以外の人と精神的なつながりを築く

勘が鋭く、社会的なつながりを強く求める内在化タイプの子どもは概して、家族以外の人との間に、精神的なつながりを築く可能性をみいだす。温かな反応をしてくれる人がわかるので、家族以外の人との関係を求めるようになり、安心感を高めていく。

わたしのもとへ相談にきた多くの人の心にも、隣人や親戚、教師などとの温かい思

い出がある。隣人やペットや子どものころの相棒に支えてもらった人もいる。自然や芸術の美しさにふれることで精神的に満たされることもある。そばにいてくれる偉大な存在を実感し、理解することで、満足感を得ることもある。

◆精神的につながれる力は肉体的な生存にもかかわる

近しいつながりを介してなぐさめを求めれば、精神的な満足感以上のものが得られる。近しい関係に安心感や支えを求めることで、命を脅かされるような状況からも救われる（ゴンサレス、2003年）。

ストレスをしいられる状況になったときの対処法が、「戦うか、逃げるか、固まってしまうか」しかなかったら、果てしなく続く困難を乗り越えて生きていくのは難しい。九死に一生を得た人たちを調べたところ、一様に、今の人間関係を思い返し、大切な人を思い出して、絶対に生き延びようと自分を励ましたそうだ。

「助けてほしい」のひと言がどうしても言えない

内在化タイプは、専門家への相談を含めて、ようやく助けを求めるようになっても、気恥ずかしさを覚えたり、自分は助けてもらうに値しないと考えたりすることが多い。

精神的に未熟な親に育てられた内在化タイプは自分の苦しみを過小評価して、「くだらないこと」とか「つまらないこと」とか言う。自分よりもっと助けを求めている人がいるのだから、自分のために時間を割いてもらうなど申し訳ないと言う人もいる。

彼らが子どものころに繊細な感覚を恥じていたとすれば、大人になってから深い感情を示すことを気まずく感じるかもしれない。相談に来て、泣き出して「すみません」とあやまる。自分が胸の奥底に抱える感情はやっかいなものだと思いこんでいる。

自分の思いに心からの関心を寄せてもらえると、彼らは決まってびっくりする。

治療を始めたばかりでひどく落ち込んでいた女性は、話の途中にもかかわらず、奇妙なものでもみるような目でわたしをみて言った。

「……わたしのこと、ちゃんとみてくださるんですね」

真っ当な日常生活を送る自分の苦しみを、やっと理解してもらえたとわかったようだった。こんなことがあるはずはないといった顔をしていたが、彼女が内在化タイプであることを考えれば、当然すぎる反応だった。

内在化タイプはネグレクトされやすい

外在化タイプの子どもは、家族の中でも目立つ。

些細なことで怒りを爆発させる幼児。

厄介ごとに巻きこまれるティーンエージャー。

問題を引き起こす成人した子ども。

年齢や状況にかかわらず、親はつねに彼らのことが気にかかる。ほかの子どもはさておき、彼らのことを心配するのだ。

内在化タイプは、問題を内に抱えるため、外在化タイプと比べて目を光らせ、気を配らなくてもいいように思われがちだ。**彼らは助けを求めることを申し訳なく思い、自力で解決しようとする。そのせいで手のかからない子どもとみなされる。**

すると、こうした自立した子どもは、ほかのことで頭がいっぱいの親からネグレクトされるようになっていく。面倒をみなくても、なんとかやっているから大丈夫だと。

事実、自制心のある内在化タイプは、1人でもなんとかやれているようにみえるが、だからといって、精神的なネグレクトに耐えられるわけではない。

精神的に未熟な親は、内在化タイプの子どもなら自分で自分の面倒がみられると思って、さっさと自活させようとする。子どもはきちんと自立してやっていけるが、それでも親とのつながりは変わらずに求めているし、関心を持ってもらいたいと願ってもいる。

「なんでも1人でできる」だけど……

精神的なネグレクトを受けてきた内在化タイプは、成長しても、万事1人でやらなければという思いを持ち続け、1人でやることに慣れてしまう場合が多々ある。

内在化タイプは経験から学ぶことが好きなので、他者から得るものを蓄えておき、それを活用して、関心や愛情を寄せてもらえるまでの時間をやりすごしている。

感情にかんする記憶力も秀でているので、他者から気にかけてもらえないときは、その記憶を利用して、自分の内にこもることもある。

人に尽くすのに慣れていたので、妹から「今までずっとありがとう」と言われて呆然としてしまった男性がいた。自分のしてきたことに気づいてもらえるなどとは夢にも思っていなかったので、妹のやさしい言葉にびっくりしてしまった。

子どものころに「されたこと」を認識する

親が精神的に未熟だと、その子どもは間違いなく精神的なネグレクトを経験する。だがこうした状況は往々にして、子ども自身にはみえないし聞こえない。むなしさは感じても、それをどう表現すればいいかわからない。精神的な孤独に苦しみながら成長し、何が問題なのかは理解できないままだ。精神的にゆとりがありそうな人たちとは何かがちがうと感じるだけだ。

精神的なネグレクトについて何かしらの情報を読むまでは、自分がそれを経験してきたことに気づかない人は多い。そういう人が相談にきても概して、自分がネグレクトされてきたとは認めない。

だが詳しく診察していくと、たいていは、子どものころにきちんと目をかけてもらえなかった記憶がよみがえってくる。

しばしば、危険な状況にあってもいつも孤独で守ってもらえなかったり、自分の身におこることに親などからさしたる関心を示してもらえなかったといった思い出も含まれる。そんな場合も彼らはたいてい、自分で自分の身を守らなければいけないと思っていた。

ある女性は、4歳のときに浜辺に1人とり残され、1時間以上も母親が探しにこなかったことを思い出した。子どものころにプールへ行き、母親が自分のことなどみていないとわかっていたので、ずっと真ん中で泳いでいたという女性もいる。

子どもは、親に喜んでもらおうと進んで自立した役を演じる。しかしそこには無理があるため、往々にして、大人になっても他者に対して背伸びをしてしまうことにもなる。

家族の面倒を見続ける

Wさんは10歳の夏、ブラジルに行かされた。無責任な兄とその若い新妻の間に生まれた男の子の世話をするためだった。

兄夫婦はパーティが大好きで、しょっちゅう出かけていき、その間10歳のWさんが生まれたばかりの甥の世話をしていた。夏休みが終わっても、兄一家を助けるようにという母親の意向で、Wさんはそのままブラジルに残り、学校にも行けなかった。ようやく母が迎えにきてくれたのは、その母が何かしら困ったことにみまわれたからだった。

自分の感情を無視してしまう

早々に自立せざるをえない子どもは、自分の感情を拒むようになる可能性がある。苦しくても、精神的に未熟な親が助けてくれないことはわかっているので、そんな感情から距離を置くことを学ぶのだ。

なぜか医師にも気をつかう人

ある日の治療で、精神的なネグレクトを受けながら育ってきたJさんが言った。「いまだにうつ状態のままですみません」と。

彼女は、自分の抱えている悲しみのせいでわたしに迷惑をかけていると思っていた。

わたしが聞きたいのは「よくなりました」という報告だと彼女は信じて疑わなかった。わたしに、腕のいい医師としての自信を持たせられるからと。

わたしにとっての関心事は「あなたの本当の気持ちなのですよ」ということが、彼女には容易に理解できなかった。子どものころの経験が尾を引いていたからだ。

冷淡で批判的な母親は、Ｊさんが自分の気持ちを話すと、決まって露骨に苛立ったという。だからＪさんは、母とうまくやっていくには、「母が望む」ように感情的な欲求を示さないのが一番だと考えるようになっていった。

Ｊさんは子どものころからずっと、早く独り立ちできるよう一生懸命だった。どうすれば自分は満たされるだろう。どうすれば安心できるんだろう。そんなことをよく考えていたそうだ。そんなことは子どもが考えるようなことではないなどとは、思いもしなかった。

上っ面しか支えてもらえない

ネグレクトのもう1つの形は、精神的に未熟な親が表面的なながさめしか与えない場合だ。

子どものころ、怖くなると決まって自力でそれを乗り越えなければならなかったという女性がいる。助けてもらった記憶はあるかとたずねると、彼女はこう言った。

「だれかに自分のことをわかってもらえたら素敵でしょうけど、そんなこと一度もありません。怖い思いをしたときに、助けてもらった記憶なんてないんです。通りいっぺんのことを言われただけです。『大丈夫よ』とか『そのうち平気になるって』とか『じきによくなるから』とか」

なんでも自分でやりすぎる

精神的なネグレクトのせいで、ふつうよりも早い自立をいいことのように思ってしまう可能性がある。子どものころにネグレクトされた人の多くは、否応なしに自立したと気づいていない。このことを患者はさまざまに表現している。

「ずっと、自分の面倒は自分でみてきました」
「自分のことくらいなんとかできます。だれかに頼りたくないんです」
「自分ひとりでできるはずです。悩んでるところをみせちゃだめなんです」

悲しいことに彼らは、大人になってかんたんに助けを求められるようになっても、どう頼めばいいのかがわからない。そのため「助けを求めることは悪いことではない」と認識し、きちんと受け入れられるよう、専門家に治療してもらう必要が生じてくる。

虐待を虐待と認識できない

このタイプは何か問題があるとその原因を自分に求めるので、日ごろから虐待を虐待と認識しないことがある。
親が自分の行為を虐待とみなさなければ、子どももそうする。**大人になっても、自分が子どものころに虐待を受けたとは思わない人が多い。その結果、今度は大人の自分が虐待をしていてもわからないかもしれないのだ。**

子どものころに受けた虐待について、淡々と話してくれた中年男性がいる。彼は、それがどんなにひどいことだったかをまるで理解していなかった。

たとえば、尿失禁をするほど父親に首を絞められたあげく、地下室に閉じこめられたそうだ。父親がステレオを投げつけたことを思い出しながら、彼は静かにこう言った。

「父は怒りっぽかったのかもしれませんね」

人間関係に奉仕しすぎる

内在化タイプは家族関係において多分に心を砕いている。共感力や洞察力、自制力を駆使して人間関係をはぐくみ、他者とうまくやっていくのだ。

健全な家庭ではそれを、子どもに対して親がおこなうものだ。だが親がきちんと対処できないと、しばしば内在化タイプの子どもが補うはめになる。

そのため子どもに過剰な責任がのしかかりかねない。弟妹の面倒をみなければならなかったり、家族みんなの感情に心を配り、だれかがイライラしていれば、自分がなんとかなだめなければならない、と思う。

◆足りないものを埋め合わせるための明るさ

親が落ちこんだり暗い雰囲気になったときは特に、内在化タイプの子どもは明るく冗談めかした役割を演じて、家族を盛りあげようとする。その快活さやユーモアで、ほかの家族がずいぶん救われる。

◆親のために心を砕く

精神的に未熟な親は、心を砕くことができたとしてもやらない。子どもが精神的な支えを求めると、いつにもまして非協力的になる。

子どもが傷ついたり仲間はずれにされたりしても、無視するだろう。子どもが学校でつらい思いをしていても心を寄せようとはせず、いい加減なアドバイスをするだけだ。いずれ子どもは、自分の心が傷ついても、親は手を差し伸べてくれることはないのだと悟る。

さらに、内在化タイプの子どもは感受性が豊かなので、親のために自分が心を砕こうとする。それはときに、子育てならぬ親育てにまで発展する。子どもが親の話に耳を傾け、励まし、アドバイスを与えることすらあるのだ。

さらにひどくなると、親は精神的な苦痛を子どもに丸投げし、それでいて子どものアドバイスははねつけたりする。子どもが大人になってもずっと続く役割の逆転だ。これは、子どもに過剰な負担をしいることになる。

親より「オトナ」な子ども

Kさんは子どものころからずっと、大人になっても、母親の人間関係にまつわるグチにつき合ってきた。そんなストレスのたまる役割をどうして演じるようになったのか問うと、彼女は言った。

「わたしのほうが、母よりずっと精神的に落ち着いていますから。それにわたしは、自分の問題は自分でどうにかするのに慣れてるんです。

母のほうが間違いなく愛情に飢えていますね。母は、支えてあげないと自分ひとりでは何もできません。いつも自分は愛されていないって悩んでいるし、自己肯定感がないんです。わたしはただ、母が幸せになれるよう、精一杯手助けしているだけです」

人間関係における「やりすぎ」

大人になれば、自分の意志でだれかを愛し、いい人間関係が築けると、多くの内在化タイプの子どもは楽観的に信じている。ある女性は、自身の失敗した結婚を思い返しながらこんなふうに言った。

「わたしは、夫にとっても自分にとってもじゅうぶんな存在になれると思っていたんです」

内在化タイプは一方的に共感し、うまくやっていこうと必要以上に尽くすことに慣れている。だから相手がまったく変わらないのに、いつの間にか自分だけが疲れていることに気づかない。

また、他者との精神的な交流がうまくいかなくなってくると、他者と自分、両方の役割を演じることもある。実際はちがうのに、たがいに思いやっているかのごとく行動する。

たとえば、迷惑をかけられているのに、さも相手が我慢してくれているかのようにお礼を言ったり、決して思いやってもらえない自己中心的な相手に、思いやりを持ってくり返し手を差し伸べたりする。

人との交流で、相手を実際以上にいい人、思いやりのある人だとみなすことで、相手に欠けているところを補っているのだ。

ある女性は、友情のためにどれだけ必死に心を砕いてきたかを思い返した。

「いつだって、いい人でいよう、相手の気持ちに応えようってがんばっちゃうのがいけないんでしょうか。

自分の希望や欲求を優先したりすれば、気くばりに欠けるとか、恩知らずだって思われるんじゃないかって心配で……。いつも気をつかっていないと、自分が最低の人間のような気がします」

なぜ内在化タイプは、心を砕きすぎて、せっかくの人間関係が偏ったものになってしまうことが多いのだろう。愛情に飢えた外在化タイプが、愛情を惜しみなく与えてくれて思いやりのある内在化タイプを求めているから、というのが1つの理由だろう。

外在化タイプは、最初のうちこそ人間関係を築くために、内在化タイプに自分は特別な存在だと思わせているが、いったん関係ができあがってしまえば、相手の思いに報いることをやめてしまう。すると内在化タイプはこの急変に驚き、しばしば**「私がなにか悪いことをしたのではないか」と、自分を責める**のだ。

愛情に飢えた人を引き寄せる

はたからみると、内在化タイプは幼いころからなんでも自分でこなせそうなので、精神的に未熟な人はどうしても頼りたくなってしまう。内在化タイプは洞察力も分別もあるので、初めて会う人にさえ信頼されることがある。

ある男性はそんな状況をこう表現している。

「僕は人を支えたり耳を傾けたりすることを期待されているんです。そんなふうにしてもらえることがない人たちが、僕のところへ押し寄せてきます。まるで、みんなが抱える問題のゴミ箱みたいに」

彼のような人たちは、気づかないままに親切でかしこそうなオーラを発している。それが、愛情に飢えた人たちを強く引き寄せるのだ。

幸いにしてこの男性は、だれかれかまわずに時間と心を費やすことをやめた結果、自分の人生により多くのエネルギーを注げるようになった。

「自分は後回し」で、みんなが幸せになれるのか

多くの内在化タイプは、なんでも自分を後回しにすることが、いい人の証しだと無意識のうちに信じている。

自己中心的な親は、過度に子どものエネルギーや気づかいを求め、自分を犠牲にすることがもっとも価値あることだと教える。内在化タイプの子どもはそれを真に受けてしまいやすく、その自己犠牲が不健全なレベルにまで追いやられることもある。

この手の親は、宗教上の教えまで持ち出して子どもに自己犠牲を求めることもあり、子どもが自分自身のために何かを望むことに罪悪感を抱かせる。本来、心を育むべき宗教の教えが、つねに高みを目指す子どもを他者の世話に専念させておくために利用されたりする。

精神的に未熟な親は、子どもの心が折れそうになっていたりがんばりすぎたりしていることに気づかない。子どもが心を酷使しないよう守ってやるどころか、感受性豊かで思いやりのあるその性格を利用しようとする。

親がきちんとしたセルフケアを教えないと、その子は大人になっても、自分と他者との精神的な欲求のバランスをどう保つのかがわからないままになってしまう。

こうしたことが顕著にみられるのが内在化タイプだ。

他者への共感力が高い彼らは、他者の問題に真剣に心を寄せるあまり自分の欲求を見失い、精神的な疲労がどれだけ自分を傷つけているかに気づかない。**もっと自分を犠牲にして心を砕けば、今の関係もきっとよくなると信じている。だから、大変な状況であればあるほど、がんばり続けてしまうのだ。**

内在化タイプの子どもは、他者を助ける役割としての自己を演じ、その責任を感じるあまり、セルフネグレクトにまでいたることもある。

内在化タイプにとって、愛されようとすることをあきらめるのは難しいが、自分の力で変えることはできないと理解できることもある。すると最終的には怒りを覚え、精神的にかかわるのをやめるようになっていく。

やがて完全にかかわらなくなると、他者はとまどうだろう。それほど長い間、内在化タイプの人は他人に手を差し伸べ、つながろうと努力をし続けてきたのだ。

7

回復がスタートする「小さな瞬間」

「今までの自分」が立ちゆかなくなるとき

この章では、長い間自分にふさわしくない役割を演じてきた人たちが、それに気づいたときにどうなるかについて述べよう。

行き詰まりの感覚を覚え、うつや不安症、慢性的な緊張、不眠といったつらい症状が現れる。

これらはいずれも、**現実を書き換えようとやってきたことがもはや持続できなくなったことを示す**ものだ。

「真の自己」に背くとき現れる心身の症状は、警告システムであり、心身ともに本当の自分に戻らなければならないと告げている。

そもそも、真の自己の概念は「人は魂を持つ」という考えが最初に生まれた古代にまでさかのぼる。

人はいつも、内なる真の自己を感じている。それは、外界で行動するわたしたちから少し離れたところにあって、すべてをみて、同じように経験している。

この自己は、唯一無二の個性であり、わたしたちを役割としての自己に押しこめる家族のプレッシャーにも影響を受けることはない。

この内なる自己は、真の自己、本当の自分など、さまざまに呼ばれている（フォーシャ、2000年）。いずれも、人の存在の中心である。

真の自己は、正確な情報を自身に伝える、神経系のフィードバックシステムと考えてもいい。個々人をそれぞれに最適なエネルギーや機能へと向けてくれるものだ。

真の自己を経験するときの身体的感覚は生物学にもとづいたもので、他者に対する瞬時の印象をはじめとする、直感や本能の源だ。

真の自己が持つエネルギーの波動を、自分にぴったりの人生を歩んでいくための指標として用いることもできる（ギブソン、2000年）。

真の自己と一致していれば、ものごとがはっきりとみえるし、自分がよどむことなく前進していることがわかるだろう。問題だけでなく、解決策にも意識を向けられるようになる。

自分の本当の欲求や望みに関心を払うことで、いろいろなことが可能に思えてくる。思いがけない形で機会が訪れたり、援助の手が差し伸べられたりする。結果として、「いちだんと幸せ」になる。

「本当の自分」は何を求めているのか？

真の自己は、真の自己実現を目指して、あなたの成長を強く後押しする。親の望む子どもを演じていれば愛してもらえると考えていると、真の自己を黙らせ、役割としての自己やファンタジーの導きに従うようになる。しかもその過程で、現実とのかかわりを失っていく。

内在化タイプであれ外在化タイプであれ、自分の心の奥底の欲求に無関心になっていると、いずれ真の自己がさまざまな感情の問題を示して、「もっと自分を大切にしなさい」と呼びかけてくるだろう。

現実をありのままに受け入れて、心おだやかに生きていくことを真の自己は望んでいる。感情の問題という苦痛の兆候——命を守ってくれるその兆候をしっかりと認識することだ。

次のワークにより、真の自己をしっかりと意識していけるようになるはずだ。紙とペンを用意しよう。紙を縦半分に折り、半面に「真の自己」と、もう半面に「役割としての自己」と書く。

まず、「真の自己」と書いた面を表にして、子どものころの自分を思い出そう。できるだけ昔までさかのぼり、正直に思い出してほしい。

自分ではないだれかになろうとする前は、どんな自分だっただろう？　好きだったのは、どんなことだろう？　何をしていると楽しかった？　本当の自分になれるとしたら、今ごろどんな人生を送っているだろう？

できれば、小学校4年生以前の自分を思い返すことだ。何に興味があったか？　大好きな人は？　どうしてその人が好きだったか？　自由な時間には何をしたかったか？　理想の1日は？　どうするとやる気が出たか？　こういったことについて、思いつくままに書いていこう。

終わったら、紙を裏に返して「役割としての自己」と書いた面を出す。周囲から一目置かれ、愛されていると感じるために、どんな人間にならなければならなかったかを思い出してほしい。

今自分がやっているのは、実は興味のないことではないか。いい人にみえるようにと思ってやっていることは？　エネルギーを吸い尽くされ、疲れ果てた気分にさせられていないか？　退屈だと思いながら時間を費やしていることは何か？　まわりからどんなふうにみられたい？　自分の性格で隠したいところは？　自分のことで、内緒にできるとうれしいことは？

書き終えたら、最低でも1日はその紙を目につかないところに置いておくこと。その後紙を開き、2つの自己を比べてみよう。真の自己として生きているだろうか、それとも役割としての自己に日々を支配されているだろうか。

成長できる人、もとに戻ってしまう人

人は役割としての自己やヒーリング・ファンタジーだらけの人生を生きていて、つらくなると、行きづまってくる。精神的に成長していくためには基本的に、それまでに経験してきた真実を避けて通ることはできない。

心理療法は、すでに直感的にわかっている真実を、自覚できるよう助けるものだ。

大事なのは「実際に行きづまっているのは何か」をしっかりと問うことである。

自分自身に対してというより、たいていは、真実を否定しようと努力していたことに行きづまりを感じているはずだ。この精神的な苦痛は、もはや行きづまりを意識せずにはいられなくなってきた印だ。虚構の下の真の自己に気づきつつあるということになる。

発達心理学者ジャン・ピアジェの観察によれば（1963年）、新しいことを学ぶには、古い心理パターンを分析し、新たな知識にもとづいてつくりなおしていかなければならないそうだ。こうした内なる分析と適応の過程が欠かせない。

ポーランドの精神科医カジミェシュ・ドンブロフスキも、**精神的な苦痛は成長の証しであり、必ずしも病気ではない**、という理論を立てている（1972年）。

彼は、成長したいという欲望を精神症状ととらえ、精神的により複雑な存在に変わっていくためにその人の内部で行きづまっている期間を「積極的分離」と称した。ドンブロフスキによれば、こうした大きな変化を経て、人格を高めていける人もいれば、結局以前の状態に戻ってしまう人もいたという。

後者は心理的な気づきのない人にありがちだったが、前者は、苦しいときをも自身について学べる機会ととらえ、好奇心と学びの意欲をもってのぞんでいたという。

内省の過程では何がおこるかわからず、不安や罪悪感を覚えたり、落ちこんだりすることもあるかもしれないが、最終的にはより強く、適応力もある人格を手にすることができるだろう。

家族に反対されても

わたしの患者Ｉさんは頭のいい女性で、何年にもわたり、心理療法で大きな効果を得てきた。学ぶことが好きで、自分や他者について理解したいと思うようになっていったが、家族は、心理学に興味を持つのは環境に適応できない証拠だと考えていた。

Ｉさんが、傷つくだけだった恋愛の果てに、相談できる専門家を探していたとき、家族は彼女の頭がおかしくなり、「わたしは病気です」とふれ回っているようなものだと決めつけた。どうしてわざわざ時間とお金を無駄にして過去を蒸し返しているのだろうと呆れた。

Ｉさんは、相談に行くのは正しいことだとわかっていたが、家族の中で自分だけがおかしいのかもしれないとの不安は抱いていた。

彼女は、両親が精神的に未熟で衝動的であり、親密な関係を避けていることを認識しており、状況をよく理解しているところもあったが、助けが必要だと感じている自分には、依然としてしっくりきていないようだった。

だが彼女は、ドンブロフスキの「積極的分離」という考えを学ぶことで、自分が経験してきた苦しみを成長のための痛みとみなせるようになっていった。

彼女は家族の中で自分だけが、積極的に苦しみを探究し、より健全なあり方をみいだしていこうとしていることに自信をつけるようになった。

役割としての自分

子どものころの役割としての自己を大人になってからも演じ続ける人が多いのは、そうすれば我が身を守っていられるし、それしか周囲に受け入れてもらえる方法はないと信じているからだ。だが、演じることに真の自己がうんざりしてくると、思いがけない感情的な症状によって覚醒を促されることがある。

しつこい「思いこみ」からの解放

Vさんの覚醒を促したのは、突然発症したパニック発作だった。発作をおこすのは、身勝手な兄に頭ごなしに怒鳴られるとき。

Vさんはいつも、周囲の人からどう思われるかを気に病んでいたので、集まりなどがあると、相手の顔色をうかがい、不必要に気をつかい、拒まれるのではないかと不安になり、ヘトヘトだった。

彼女は、パニック発作をなんとかしたくて治療に訪れ（実際それはなんとかでき）、最終的には、子どものころに自分がいかに受け入れられていなかったかも理解するにいたった。彼女は亡き父から、自分が無能で愛されるに値しないという思いをいつも抱かされてきたが、その亡父と、兄の非難がましい態度が同じであったと治療を介して認識できたのだ。

Vさんの発作は、子どものころに信じていたこと――権威ある大人はつねに正しい――に疑問を抱き始めた兆候だった。

パニック発作が覚醒を促してくれなければ、彼女は自分を卑下し、不安を抱えたまま他人の顔色をうかがい続けていたことだろう。おかげで、子どものころに教えこまれてきた「男性こそが正義」という話を鵜呑みにする必要はなくなった。

「自分を傷つける役割」を手放す

おどおどさせられたり、自分なんてとるにたりない存在だと思わされたりする相手の人格描写をしてみよう。

次に、その人といるときの自分の行動を思い返し、その際自分が演じている役割としての自己を書き出していこう。

そこに、どんなことをしてもその人に受け入れてもらいたいというヒーリング・ファンタジーがないか、確かめてほしい。

その人が、自分への態度を変えてくれたらと願ったことはどれくらいあるだろう？本当の自分が表に出ないように役割を演じていないだろうか。

ヒーリング・ファンタジーを手放すには、近しい人への望まない気持ちと向き合わざるをえないことがある。

受け入れがたい感情を抱くとき、多くの人は罪悪感や恥ずかしさを覚えがちだ。しかも、いい人でいるには、そうした感情は抑えなければならないと思っている。だが**あまりにも長い間本当の気持ちに蓋をしていると、やがてそれは噴き出してくる。**そして、いったい何がいけないのかと立ち止まって考えなければならなくなる。

無理に親に感謝する必要はない

Mさんの母親はシングルマザーで、内職をして生活を支えてくれた。子どものためによりよい生活を求めてスウェーデンからアメリカに渡り、Mさんにいい教育を受けさせたくて、爪に火をともすような生活をしてきた。

Mさんは母親にとても感謝していたが、罪悪感を覚えることも止められなかった。あらゆる機会を無駄にすることなく努力し、最終的には奨学金でグラフィックデザインの修士・博士号を取得した。

そんな彼女がひどいうつを発症してわたしのもとを訪ねてきた。毎朝起きられずに苦しみ、どうにかベッドから出ても、すぐにまた戻りたくてたまらない。

どうやらうつを発症したきっかけは、母親との電話だった。母親は、Mさんの学業が終わりに近づくにつれて、しだいに怒りっぽく、辛らつになっていったという。Mさんの父親に捨てられ、アメリカに渡ってからというもの、女手ひとつで彼女を育ててきたことを、恩着せがましく話した。電話のたびに、体の具合が悪いとグチを言い、隣人の悪口を並べ立てた。

Mさんは同情もしたし、自分が今あるのはすべて母のおかげだと思ってもいたが、頭に血がのぼった母の泣き言を聞いているうちに、その緊張感からだんだんしんどくなってきたのだった。自分が何を言っても母をなぐさめることはできないのだと。

母親が自分のなぐさめの言葉に耳を貸さず、グチを言い続けるのをどう思うか、わたしはMさんに聞いてみた。母親の声を聞くと体はどんな反応をするかと尋ねたところ、彼女はようやくその感覚を理解し、こう小声で言った。

「わたし、母が嫌いです」

これがMさんの本当の気持ちだった。この気持ちが、母の人生の埋め合わせをしようという子どものころの思いと戦っていたのだ。

必要以上の感謝の気持ちのせいで、母親に対する本当の気持ちがわからなくなっていたMさんが、母親のいつ果てるともしれないグチにうんざりし出したとき、彼女自身も認めていなかった怒りがうつへと変わっていったのだった。

幸いうつの症状は、母親に対する本当の気持ちを受け入れるとすぐに治っていった。

母親に感謝はしているが嫌いだと自覚することで、耐えがたかった束縛からも自分を解放することができた。

人が認めたがらない「2つの感情」

不安になったり落ちこんだりしたときは、自分が何かしらの感情を隠していないか、問いかけてみよう。

最悪の気分になるのはどんなときかを考え、その気分が特定の人と関係があるかどうかを見極める（わたしの経験では、**人がもっとも認めたがらない感情は2つあるようで、それは、だれかのことを怖いと思う感情と、嫌いという感情だ**）。

真の解決には他者との対峙（たいじ）が必要だという人もいるが、それは逆効果で、かえって不安をあおる場合が多いとわたしは思う。肝心なのは、自分の本当の気持ちを知り、受け入れることだ。

怒りに目を向ける

子どもが怒りの感情を示すと、精神的に未熟な親はまず間違いなく子どもを罰する。

だが同時に、怒りはときに有益な感情だ。怒ることで人はものごとを変えるエネルギーを手にし、自分を、守るべき価値のある存在と考えられるからだ。

責任感が強すぎたり、心配ばかりしていたり、やたらと落ちこむ人が怒りの感情を意識していくのは、いい兆候である場合が多い。真の自己が前面に出てきて、自分で自分をいたわれるようになってきたことを示しているからだ。

怒る理由は山ほどある

Pさんは怒ってばかりいる自分が嫌だった。また、怒りの矛先が両親に向くことが多いのが特につらかった。だから、怒っていないふりをするしかないと思っていたし、自分は理由もなくイライラしている不満の塊（かたまり）ではないかと密かに悩んでもいた。

しかし、その怒りは、彼女をみくだし、精神的にネグレクトをしてきた両親に根本的な原因があると気づき、新たな視点で自分の怒りについて考えるようになった。

「怒る理由は山ほどあるし、怒りは、真の自己からわいてきています。真の自己は、『私は怒っていいのだ』と思い切り背中を押してくれます。もう自分を偽って生きていかなくてもいい。親とうまくやっていこうとしてきましたけど、孤独感や失望を味わうだけでした。いっしょにいるとかえって孤独だったんです」

怒りを受け入れて初めて、Pさんは自分のヒーリング・ファンタジーをはっきりと認識できた。

「自分が正しいと思うことをして、自信を持つことが大事だとわかりました。

「だって、1人でいるのが本当に楽しいんです。もう自分の時間を無駄にしたくありません。信頼できる相手を探したいと思っています」

全力でがんばらなくていい

よく知られていることだが、内在化タイプは自分を大切にしないことが多い。状況をよくして、万事順調に運ぶようにするのは自分の責任だと思いこむあまり、自身の健康をかえりみなかったり、必要な休息さえなおざりにしたりする。

親に強いられた努力を手放す

Uさんは、精一杯がんばってきたにもかかわらず、プレッシャーだらけの生活を送っていた。

いつも時間に追われているような気がして、頭の中では「もっとがんばれ、努だ。

力が足りない」という声が聞こえていた。趣味のピアノでさえ、長時間全力で演奏しなければならない義務と化していた。休めるのは精根尽き果てたときだけだ。

Uさんは子どものころから、疲れたと体が合図を送ってきても、そんなものは無視するよう、母親から言われてきた。全力でがんばらないと母親から体罰を与えられた。その結果、自分のペースで行動することができず、体の限界にも鈍感になってしまった。

母親に認めてもらい、愛してもらいたいとの願いから、価値のある存在になるには死に物狂いでがんばるしかない。がんばりさえすれば、いつも不満そうな顔の厳しい母親もいつか認めてくれる――それが彼女の子どものころのヒーリング・ファンタジーだった。「努力は美徳」「あきらめるな」「いつでも全力を尽くせ」といった世間の声も拍車をかけた。

Uさんのようにがんばりすぎる人にとって、こうした言葉は心を蝕む。壊れるまで全力を尽くすことなど、人間にはどだい無理な話なのである。

幸いUさんは、自分のヒーリング・ファンタジーの影響を理解し、価値観を改め、自身の欲求にきちんと目を向けられるようになった。

うまくいかない人間関係からの目覚め

人間関係がうまくいかないときは、目を覚ますチャンスだ。人は大人になり、大切な人間関係を前にしても、子どものころに経験したつらいパターンをくり返しがちだ。親との問題をパートナーに投影（訳注：自分の考え方が、他人の性質や行動などを通して外側に表れること）することもよくある。

◆他者を理想化することからの覚醒

親は自分よりも賢明で、いろいろなことを知っている――そんな間違ったファンタジーから目を覚ますのはおそらくいちばん難しい。

子どもが親の弱さを認めるのは切なく、恐ろしいことであるかもしれない。**大人になってからでさえ、親の未熟さを受け入れるのは簡単なことではない。**親が未熟なままだという事実を客観的に考えるより、みてみぬふりをするほうがずっと気が楽だろう。子どもは無意識のうちに、親の弱さを守ろうとする。

◆自分のよさに目を向ける

意識して自分のいいところを認めることはとても大事だ。だが悲しいことに、精神的に未熟な親に育てられた子どもは概して、自分の長所を認める力を身につけられない。

自分のことしか考えない親には、子どもの長所に思いをはせる能力がないからだ。だからこうした子どもは「自分で自分のいいところをあげてみて」と言われるととまどってしまうことが多い。

だが、自分の強みを知り、それを活かせるようにするのはとても大事だ。強みを知れば自己確認ができ、エネルギーや積極性も得られる。

◆新たな価値観に目を向ける

家族療法士にしてソーシャルワーカーのマイケル・ホワイトは、ナラティブセラピーと言われる心理療法をつくりあげた（2007年）。

この療法は、その人がそれまで生きてきた人生という名の物語に秘められた意味や意図に意識を向けることが大事だ、という考えにもとづいている。

患者の物語をつまびらかにしていく過程で、療法士は、まず患者がそれまで抱いてきた価値観——自分で自分をネグレクトするような価値観を明確にしてもらう。ついで、生きていくうえで必要な基本となる考え、新たな価値観を意識して選ぶよう促していく。

子どものころの問題から自由になる

子どものころ心に受けた傷を乗り越えることが、過去のくり返しから覚醒するもっとも効果的な方法だ。

ここで言う「乗り越える」とは、つらい現実ときちんと向き合っていく精神的、感情的な過程だ。そのままでは大きすぎて飲みこめないものを細かく噛み砕いていく過程と思ってもらいたい。しっかりと噛み砕いて、自分の歴史の一部として消化できるようにしよう。

研究によれば、**その人の身に何がおこったかよりも、それをどう処理するかのほうが大事だという。**安定した愛着を持った子どもを育てる親の特徴を調べたところ、自発的に自分の子ども時代のことを思い出して語ることが多いという（メイン、カプラン、キャシディ、１９８５年）。

中には、子どものころにとてもつらい経験をしてきたが、自身の子どもとの関係は安定しているという人もいた。そういう親は、じっくりと時間をかけて自分の経験について考え、自分の中できちんと消化してきたので、過去の楽しい思い出もつらい思い出もありのままに受け止めていたのだった。

その子どもが安定した愛着を示すのは想像にかたくない。

彼らの親は、現実から逃げずに自分の過去としっかりと向き合ってきた。だから、子どもとしっかりつながり、安定した愛着を形成することができたのだ。

8

人に巻きこまれず、新しい関係をつくる

親は「できた人間」ではない

子どもにとって「親も過ちをおかす」と考えるのはむずかしい。思春期を迎え、成人して独立するころには、親は全能だという考えも揺らぎはするだろうが、完全になくなることはない。

多くの子どもが、次のような考えを植えつけられている。

・親ならばかならず自分の子どもに愛情を抱く
・親は信用できる
・親はいつでも子どものためにそばにいてくれる
・親にならなんでも話せる
・たとえ何があろうと親は子どもを愛し続ける
・子どもにはいつでも帰れる場所がある
・親が望むのは子どもにとっていちばんいいことだけ
・親は、子どもよりも子どものことをよくわかっている

・親の行動はすべて、子どものためを思ってのもの

だが、精神的に未熟な親の場合、これらはまず当てはまらない。

「いつか親は変わってくれる」という幻想

親がいつかは気持ちを入れ替えて、自分に関心を示し、愛してくれる——精神的に未熟な親に育てられた子どもによくみられる幻想だ。

だが残念ながら自分のことしか考えない親は、親の役割を果たしてほしいという子どものヒーリング・ファンタジーをことごとく拒む。

むしろ自分のヒーリング・ファンタジーで頭がいっぱいで、子どものころに負った傷の埋め合わせを自分の子どもにしてもらいたいと思っている。

親密になるのが怖い母親

Cさんの母親は、信仰心はあついが思いやりはなく、子どもだったCさんの心身に虐待まがいの行為をすることもあった。Cさんは長い間耐えてきたが、成長して職場で表彰されたときも、同僚の前でけなされ、我慢の限界に達した。深く傷つき、同僚を前にいたたまれなかった。

数日間、Cさんは自分がどんなに傷つけられたかを母親にわかってもらおうと考え、手紙を書いて気持ちを伝え、この件について話し合いたいと頼んだ。

これを読めば母親も、自身の無神経な行為がずっと続いてきたことを理解し、申し訳なかったと思ってくれるのでは？

だが、母親からは「なしのつぶて」。2人の間にはむなしさだけが横たわることになった。

Cさんが母親の心を求めたのはこれが初めてではない。わたしのところに相談に来るようになってから、両親にいやな思いをさせられバカにされたりしたときは、その気持ちをわたしにきちんと伝えて、理にかなった形で問題を解決しようとがんばってきた。

母親は、Cさんが差し伸べる手をつねに振り払っていたが、Cさんの子どもである3人の孫とは接したいために、なんらかの反応を示してはいた。だが今度はちがった。「信じられないんですけど、なんの反応もなかったんです。怒られさえしませんでした」

Cさんは、傷ついた上にとまどってもいた。母親は社交的で、他人に親切にも寛大にもできる人だった。それがうわべだけなのはわかっていたが、それでCさんの気持ちがなぐさめられるわけではなかった。

「母だって、本当はわたしとの関係をよくしたいと願ってるはずと思うじゃないですか？　手紙に対してちょっとした気持ちを伝えるとか、父を通して何かするとかして」

Cさんの顔には悲しみと困惑が表れていた。

「ねえ、Cさん」わたしは言った。

「あなたはありとあらゆる手を尽くしてお母さんとつながろうとしてるわ。お母さんと精神的に親密になろうとがんばってる。

それは少しも間違ってないけど、お母さんには耐えがたいことなんだと思うの。

手紙を受け取るなんてことは、お母さんにとってはおそらく、心をかき乱されるようなことなのよ。お母さんはもうずっとそういうふうに生きてきたの。あなたが率直に、正直に気持ちをぶつけても、お母さんはそれを受け止められないの」

精神的に親密な関係を築いていくためには精神的に成熟していなければならないが、彼女の母親の精神は、そのレベルに達していなかったというだけのことだった。

「あなたが、お母さんの態度を責めたり、自分がどんなに傷ついたか、といった話をするのをやめれば、お母さんの機嫌はなおるわよ」と、わたしは言った。

Cさんは、母親のことを考えることなく前進していく道を探さなければならなかった。それが、精神的に親密になることを恐れる親と、うまくやっていく唯一の方法なのだ。

母親との関係は、Cさんがあこがれていたようなものではないことをわたしは彼女に説明した。**精神的な親密さを求めるのではなく、少し距離を置いてつき合うようにするのが最良の方法**だった。

Cさんはこの説明を受け入れはしたものの、依然とまどっていた。彼女は思い出したのだ、子どものころ、母はCさんの祖母、つまり母の実母を訪ねていくのをいやがっていたし、祖母のほうでも快く思っていなかったことを。

訪ねるたびに、祖母に愛されていないと感じた母はすすり泣き、そんな母をなぐさめるのはCさんしかいなかった。

「なのに母は今、同じことを自分の娘にしているんですよ」Cさんは言った。「自分があんなにつらい思いをしたんだから、自分の子どもには同じ思いをさせたくないって考えないんですか？」

そのとおりだ。しかし、母親は自分のトラウマをそっくりそのまま娘に押しつけることしかできない。これは、**子どものころに受けた心の痛みをずっと我慢してきた人にありがちなことだ。**

堂々と距離を置いていい

本章ではこの後、自分の抱く期待を変え、相手に反応せずに観察することで、精神的に未熟な親に対処していく方法についてみていきたい。

親の精神的な未熟さにとらわれないようにする3つのポイントがある。

1 ― 距離を置いて観察する

精神的に自由になる第一歩は、親の精神的な未熟さを見極めること。そして、親を喜ばせる役割としての自分を演じるのではなく、自分の心のままに行動することだ。**親を変えることはできなくても、自分を守ることはできる。**

わたしがこのことを理解できたのは、家族療法心理士マレー・ボーエンによる「家族システム理論（1978年）」のおかげだ。精神的に未熟な親がいかにして子どものアイデンティティをからめとっていくかが述べられている。

親が境界線を尊重しなかったり、自分の解決できない問題を子どもに押しつけたり、子どものやることに口出ししすぎるときにおこる事柄だ。

こういう家庭では当然ながら真っ当なコミュニケーションもなければ、精神的な親密さもない。だれであれ真の自己も認められない。

さらに、だれかとなにか問題をおこしても、当事者に直接伝えない。こうした家族間の三角関係や独特な関係をボーエンは「家族をつなぎ合わせておくための接着剤」と称した。

ボーエンはまた、家族のなかのだれか1人でも救えればと、こうした状況を改善できる方法を探究し、個人が家族システムの影響のおよばないところにいられる方法を突き止めた。

つねに一歩引いたところから観察できるようにすれば、ほかの人の行動で傷つけられたり、精神的にからめとられたりすることもない。

2 ― 観察できるようになる

精神的に未熟な人とつき合う際に、感情的に反応せず、おだやかに、分別を持って大局的にみていくことができれば、心が乱されることもないだろう。ゆったりと構え、距離を置いて観察しようという気持ちを持とう。

まずは、ゆっくりと呼吸を数え、全身の筋肉の緊張と脱力をくり返したり、心がおだやかになる情景を想像したりしよう。

次は、精神的に距離を置いたまま、相手の行動を〝科学者のように〟観察する。人間学のフィールドワークをしているつもりでやってみよう。

――相手の表情をどう表現する？　ボディランゲージは何を伝えているのだろう。声はおだやか？　緊張している？　ものわかりはよさそう？　悪そう？　こちらが共感を示そうとすると、どんな反応をする？　自分の気持ちはどうだろう？
2、3章で示した、精神的に未熟な人にみられる行動は認められただろうか。
親を観察しているうちに自分も感情的になってきたら、それは自分のヒーリング・ファンタジーが頭をもたげてきた証拠だ。相手に認めてもらわなければという気持ちに引き戻されている。

自分は弱くて、不安を抱えていて、愛情に飢えていると思ってしまうだろう。こうしたマイナスの気持ちを覚えたら、がんばって観察モードに戻ろう。


とにかく「距離を置くこと」。

それから、**意識して相手の様子を言葉にしてみる。黙って心の中で。**相手を前にストレスを感じても、こうして胸の内で自分に語ることで、気持ちがおだやかになり、落ち着けるだろう。

ふさわしい言葉で表現することで、脳のエネルギーを感情的な反応からそらすことができる。同じことは、自分の感情的な反応をコントロールすることにも言える。自分の反応を胸の内で言葉にすることで、客観性が持て、冷静になれる。

相手にイライラさせられているなら、口実をつくって距離を置こう。トイレで休憩したり、ペットと遊んだり、散歩したり、用事をすませるのでもいい、とにかくその部屋から出ること。窓の外に広がる自然をみつめてもいい。

電話中の相手なら、「また今度話せるのを楽しみにしてるね」と告げ、言い訳をみつけて電話を切る。しっかりと時間を確保して、距離を置いて観察するという気持ちをとり戻すこと。

おわかりのように、**観察は受動的なことではない。とても積極的な過程だ。精神的にからめとられないようにするための王道でもある。**

観察する練習を重ねていけば、より強くなれるし、実際に起こっていることを見極める能力にも自信が持てるようになるだろう。

3―「関連」と「関係」を使い分ける

観察を続ければ、親からの精神的な駆け引きに振り回されたり、期待を押しつけられることなく、彼らとかかわり、つながっていられる。これが「関連」で、関係とはちがう。

コミュニケーションには、感情のやりとりをして満たされたいという目標を置かない。相手とのかかわりは保ちながら、必要に応じてその関係に対処する。

心を開いて、たがいに思い合い、助け合おうとすれば、ストレスが溜まり、無力感にさいなまれるだろう。彼らに精神的に理解してもらおうなどと思い始めたら、とたんに自分の中でバランスがとれなくなってしまう。

結果に意識を向ける方法

観察する立場でいるコツをつかんだら、次は相手の成熟度をみていこう。相手の成熟度がわかれば、相手の反応に対する理解や予測もしやすくなるだろう。

相手が、2、3章で述べた精神的に未熟な人の特徴を示していると思ったら、次の3つの方法で、あわてることなく対処してほしい。

1―伝えるだけで、あとは何もしない

できるだけおだやかに、客観的に自分の言いたいことを相手に伝え、結果をコントロールしようとしない。自分の気持ちや思いをはっきりと口にし、そうやって自己表現することを楽しむ。他者に共感や理解を求めない。大事なのは、自分が満足できる

こと。

2―関係ではなく、結果に意識を向ける

他者とつき合う中で、自分が本当に相手に望んでいることは何か。自問し、正直に答えよう。相手が親の場合、自分の話を聞いてもらいたい？　理解してもらいたい？　これまでの行為を悔いてもらいたい？　あやまってもらいたい？　償ってもらいたい？

親に共感してもらいたいとか心を入れ替えてもらいたいと思っているなら、そんなことを考えるのは今すぐやめて、べつの目標をみつけよう。もっと具体的で実現可能な目標を。

それぞれの関係において自分が望む具体的な結果を明確にし、それを目標にすること。例をあげてみよう。

「気後れがしても、がんばって母に自分の気持ちをちゃんと伝える」
「クリスマスには帰省しないと両親に話す」
「子どもたちにやさしく話しかけてほしいと父に頼む」
たんに自分の気持ちを伝える、を目標にしてもいいだろう。大事なのは、つねに自

分が望む結果を意識しながらつき合っていく、ということだ。

もう一度、しっかりと書いておく。**関係ではなく、結果に意識を向けること。**

精神的に未熟な人とのつき合いの際、感情のレベルで改善したり変えたりしようとすれば、とたんにその人との関係は悪くなる。相手の感情は逆行し、これ以上気持ちを乱されないよう、こちらをコントロールしようとしてくるだろう。

だが、具体的な問題や結果に意識を向けていれば、相手も大人の対応をする可能性が高くなる。

3 ― 巻きこまれるのではなく、管理する

未熟な人に精神的に巻きこまれるのではなく、目標を決めてそのつき合いを管理すること。管理する要件の中には、その人との関係をどれくらい続けるかや、話題も含まれる。相手が話題を変えようとしたり、感情的に攻撃してこようとしても、おだやかにやりすごすこと。あくまでも丁寧に。

大事なのは、自分の感情も管理すること。そのためにも観察したり、心の中で自分に話しかけたりして、相手の言動に反応しないよう気をつける。

断じて「親不孝」などではない

この方法を初めて実践する人、それも特に親に実践する人には、共通する問題がみられる。中でもよくあるものを次にあげよう。それぞれの対処法も記しておく。

問題：親に対してこんなことをするなんて、自分が冷たい人間のような気がするし、むなしいと思う。それに、親といる間ずっと親のことを考えてなどいたくない。

対処法：万事うまくいっていて、親といて楽しいなら、こんな方法を試す必要はない。けれど感情的になったり、腹が立ったり、がっかりしたりするなら、客観的に観察し、その関係を管理するように気持ちを切り替えるのがいちばんだ。あなたは冷たくなどない。自分の心のバランスを保つために必要なことに意識を向けているだけだ。

問題：親と精神的な距離をとっていると、罪悪感を覚え、自分がずるい人間のように思える。親には心を開いて、ありのままの自分をみせたい。

対処法：意識して観察することは、ずるいわけでも、相手をだましているわけでもない。自分が感情的な反応の渦に引きこまれれば、だれにとってもマイナスにしかならないので、それを避けるために観察するのだ。

問題：わたしの親はとにかく気性が激しい上に、口がうまくて、とても太刀打ちできない。感情的に反応されると手に負えなくて、へきえきする。

対処法：それはいわゆる「情動感染」だ。だから「相手を観察すること」に集中していれば、相手が感情を爆発させても、それに飲みこまれることなく落ち着いていられる。

問題：親には本当によくしてもらっている。学費も出してくれたし、お金も貸してくれた。そんな親を精神的に未熟だと思うなんて、自分が情けない。そんな考えは間違っていると思う。

対処法：正しいも間違っているもない。親の精神的制約について判断したからといって、情けないわけでもない。精神的に成熟した大人になるには、何の制約もなく他者を観察し、判断しなければならない。ただし、心の中でだ。自分だけの考えを持つことは、裏切りではない。
親にしてもらったことに感謝し、尊敬するのはいいが、親の弱さをみてみぬふりをする必要はない。2章で論じてきたように、子どもの物理的、経済的欲求を満たすことと、精神的な欲求を満たすことは同じではない。

問題：親のせいで罪悪感に駆られているときに、どうして落ち着いて観察などできよう。

対処法：ゆっくりと呼吸し心を落ち着ける。罪悪感を覚えても、あわてないこと。状況を静かに観察し、それを心のうちで具体的な言葉で表現する。知的に表現することで、感情的になっていた脳を、客観的で論理的に働かせていくことができる。

問題：親のことがとても心配だ。いつもなにかしらに不満を抱いている。もっと幸せになってもらいたいのに。

対処法：あきらめよう。**親が不満を抱いているのは、必ずしももっと幸せになることが目標ではないからだ。**それはあくまでも子どもの勝手な解釈だと気づいてほしい。

親のヒーリング・ファンタジーや役割としての自己は、子どもに多大な犠牲をしいることがある。不満もたまってくるだろう。自分の人生をあきらめてまで、親の問題を背負ってやるのは子どものすることではない。そんなことをしたところで、おそらく親はますます気難しく、不機嫌になるだけだ。

親密になるのが怖い母親（その後）

母親からのかたくなな黙殺に耐えて数カ月、Cさんは母親の様子を観察してみることにした。

自分の息子のサッカーの試合観戦に両親を招いたのだ。試合が終わるまでなら、落ち着いていられるし、感情をコントロールできそうだと思ったからだ。彼女の望む結果は、ごくふつうに両親のもとを訪ね、以前のようにつき合いたいということだけ。

Cさんは淡々とした観察モードに徹した。楽しそうにやりとりはしたが、母親から温かな言葉をかけてもらうことは期待しなかった。両親はいつもどおり遅れてきたが、Cさんはおだやかにあいさつをした。「来てくれてありがとう」

母親を軽くハグし、持っていたお菓子をすすめた。母親はそっけなく不機嫌そうだったが――そうやっていつも自分に注目を集める人だ――Cさんは気づかないふりをして、あえて反応しなかった。

観察を通してCさんは「ママは自分のことしか考えていないし、娘であるわたしとかかわりたいという気持ちはないんだ」とようやく理解できた。

こうして母親と精神的なつながりを持ちたいという思いを手放せたのだった。実際母親は、試合中ほとんどCさんに話しかけなかったそうだ。

Cさんは心の準備ができていたので、淡々と母親を観察した。そして、母親が心からのコミュニケーションを避けていること、それどころか、自分が被害者のように振る舞っていることがわかった。

その後Cさんは、母親との関係についてこんなふうに言っている。

「やっとわかったんです、あれが母なんだ――母の個性なんだって。わたしに問題があったわけじゃなかったんです。母が傷ついているんだと思いこまなくて、本当によかったです。自分の価値観と母の行動を切り離して考えられるようになった自分が、えらいと思います」

Cさんはこれまでになく心が自由になった気がした。もう母親に拒まれることを気にしなくていいのだ。

そして、「厳しい母親からいつか愛してもらえると期待する、心やさしい少女」という自分を手放し、ただの1人の大人として母親とつき合おうと思ったのだ。

「親の温かさ」に期待しない

マレー・ボーエンによると、子どもが〝個〟として成長していくにつれ、精神的に未熟な親の思慮に欠ける行動が子どもを無理やりからめとり、それまでのパターンに引き戻そうとしていくという（1978年）。

そして、子どもがその罠にはまらなければ、そういう親は最終的に、さも誠実そうな方法に訴えてくるかもしれない。

冷静に観察するようになった子どもに対して、親が、子どものことを尊重したり、多少とも心を開いたりといった「らしくない温かさ」を示したら、くれぐれも注意すること。

さもないと子どもは、「親がやっと自分の望んでいたものを与えてくれるようになった」と思って、かつてのヒーリング・ファンタジーにまたがんじがらめにされてしまうだろう。だから、気をつけること！

あなたのなかにいる「内なる子ども」はいつでも「親が変わってくれて、自分がずっと望んできたものを与えてもらえる」と期待する。

だが、あなたがすべきことは、大人としての自分の考えをしっかりと持ち、独立したひとりの大人として親とつき合っていくことだ。

今求めているのは、親との大人同士の関係であって、親と子の関係をもう一度築きたいわけではないはず、ではないか？

自分の親がおそらく情動恐怖症であり、真の親密な関係に対応できないことを忘れないでほしい。

子どもが心を開けば、親はそれを引き戻し、子どもの心のバランスを崩して自分の支配下に置こうとする。過度な親密さを恐れる親は、それしか身を守る術がないのだ。

親は、子どもが親に対して欲求を抱けば抱くほど、子どもを精神的に利用しやすくなる。だから子どもは、1人の大人として客観的に考えることでしか、親に対して安心感を抱けない。

残念だが、親は、あなたの内なる子どもの精神的な欲求におびえて、対処しきれないのが現実だ。

9

あなたが手にしている「9つの自由」

子どもを押しとどめる家族のパターン

精神的に未熟な親とかかわるための役割を演じるのをやめたときに、どんな気持ちになるか。それをこの章ではみていこう。

新たな考え方を身につけて行動すれば、自由をとり戻して、本当の自分になれる。かんたんではないが、がんばってみる価値はある。

まずその前に、子どもを古い役割に閉じこめる家族の形について考えていこう。

◆個性の阻止

精神的に未熟な親に育てられた子どもは、幼いころ、相手の神経を逆なでしないよう息を詰めて暮らしてきただろう。そういう親が、子どもをからめとってつくりあげてきた家庭は、さながら「要塞」だ。

精神的に不安定で未熟な親にとって、子どもの個性は恐怖でしかない。拒否されたり見捨てられたりしかねないからだ。子どもが自分の考えを持てば、親を批判し、自立するかもしれない。だから彼らにとって家族は、個性を持った存在ではなく、「行動が予想できるファンタジーの中の人物」と思っているほうが安心できるのだ。

◆個の欲求や希望の否定

不安だからこそつねに厳格な支配力を行使する親は、子どもの行動はもちろん、感情や考えまでも支配する。内在化タイプの子どもは親の言うことを真剣に受け止めがちなので、自分の内なる経験は正しくないと思いこんでしまうことがある。

この手の親は、親とちがうのは恥ずかしいことだと教える。すると子どもは、自分の魅力や、強みまでをも否定し、かわいげのないものと考えるようになる。

こうした家庭で育つ内在化タイプは往々にして、次のようなごくふつうのことを恥ずかしく感じるようになっていく。

・やる気
・自発性
・傷ついたり、なにかを失ったり、変化することへの悲しみや嘆き

・天真爛漫な愛情
・本当の気持ちや考えを言うこと
・ひどいことをされたりバカにされたときに怒ること

そして、次のような経験や感情は、むしろいいことだと教えられる。

・目上の人の言われたとおりにし、尊敬する
・親に力や支配力を与えるような身体的な病気やケガ
・不安や自信喪失
・進んで親と同じようにする
・完璧にできず、ちがったことをしてしまうことに対する罪悪感や恥ずかしさ
・人の話、それも特に親の悩みや不満に自発的に耳を傾ける
・女の子は笑顔で、男の子はたくましく、といった典型的な男女の役割に徹する

精神的に未熟な親に育てられた内在化タイプなら、自分を追い詰めながら生きていかなければならないことをたくさん教えこまれてきたかもしれない。特にひどいのは

次のようなものだろう。

・自分のことよりも、他者がしてもらいたがっていることをまず考える
・自己主張しない
・助けを求めない
・自分のためになにかを求めたりしない

こういう子どもが思う「いい子」は、親がまず自分の欲求を満たせるよう、万事においてひかえめでいることだ。彼らは、自分の感情や欲求はさほど大事ではなく、ことによっては恥ずべきものだと考えるようになる。

だが、こうした考え方がいかにゆがんでいるかに気づけば、状況は一変しうる。

自分の頭のなかに響く「親の声」

子どものころは、親の意見や信念を内なる声として受け入れていく。その声は、わ

たしたちの内側から絶えず聞こえ続ける。

たいていは「〇〇すべき」「〇〇したほうがいい」「〇〇しなければいけない」と言ってくるが、当人の価値や知性や道徳的な人格については無遠慮に批判してくることも多い。

こうした声は、自分の声のように聞こえるかもしれないが、実際は、幼いころに世話をしてくれた人（つまり親）の声が当時のままに響いているだけだ。

親になんと言われようと、あなたには「9つの自由」がある。それをみていこう。

1 できなくてOK――「不完全でいる」自由

親の声が内在化されるのはおそらく、言語や論理的思考をつかさどる左脳だ。左脳が優位に働くと、感情よりも完璧主義や効率が、思いやりよりも判断が勝る（マクギリスト、2009年）。だが、右脳がつかさどる感情や直感とのバランスがとれないと、左脳は善悪の方程式を機械的に当てはめてその人を判断していくことになる。

すると、「〇〇すべき」という考えに凝り固まっているその声は、その人が成し遂げることを拠りどころとして、その人が正しいか間違っているか、完璧か破綻しているかを告げてくる。

こうした一方的に断じるような考え方は、精神的な未熟さゆえに心がかたくなってしまったためにみられるものだ。

本当にやりたいことをみつけるために

著名な大学教授のDさんは、もう何年もうつ状態にあった。彼は、横柄で批判的な父親と、自分のことしか考えない母親にまるで関心を持たれないままに育ってきた。

Dさんの内在化された親の声はとにかく否定的かつ完璧主義で、彼はその声に絶えずとがめられていた。声の要求に完璧に応えられないと、すぐに自分で自分はダメだと決めつけて自己嫌悪におちいった。しかも、本当に自分がやりたいことなのか、声に言われるからやりたいと思うのかもわからなくなっていた。

幸い治療を通して彼は、その声が、責められてばかりきた両親とつながっていることに気づく。ずっとこの声は理性の声だと思ってきたが、ようやく、実は両親の声であったことを認識し、自分に害をおよぼすものだと理解した。

Dさんは大人になってもずっと、「やらなきゃダメだ」という気持ちでいろいろなことをこなしてきたが、考え方を変えて、**「本当に今すぐやらなくちゃいけないことか？　そうだとして、自分のやりたいことはいつ、どうやってやれるだろう？」**と、まず自分のやりたいことを考えられるようになった。

2―自分の本心からの考えや感情を抱く自由

子どものころ、自分の考えや感情のせいで親が不機嫌になったのなら、その子どもはこうした内なる経験を抑圧することを学ぶだろう。

相手から距離を置かれそうになると、自分の本当の感情や考えを持つことは危険だと感じたはずだ。

心には「良い悪い」があると思いこみ、その結果「自分独自の考えや感情を持つのは悪いことだ」という考えにとらわれていったのだろう。そして成長した今も、そう信じている。

しかし、**自分の内なる経験にはすべからく、罪悪感や恥ずかしさを抱くことなく触れていくべきだ。**

考えや感情が自然にわきあがってくるに任せれば、さらなるエネルギーも得られる。去っていくに任せるなら、心が安らぐだろう。

そもそも、**心はコントロールできる事柄ではないのだ。**考えや感情はただ浮かび、わくもの、自分を介して表現される自然の本質だ。

自然は、人の感情に誠実だ。そして人は、自然がもたらす考えを選べない。感情や考えを抱くのは、悪いことではない。その真実を受け入れよう。それが人格を持った1人の人間ということだ。

3 一つながりを断つ自由

心の健康を守るためにしばらく親とのつながりを断たなければいけないときもある。そのせいで罪悪感を抱き、自己不信におちいるかもしれないが、自分には、距離を置くべきちゃんとした理由があると考えよう。

問題行為を何度説明しても受け入れない、分別のない親もいる。悪意を持って子どもを苦しめ、困惑させ、それを楽しんでいる残虐な親もいるのだ。こうした親のもとにいる子どもは、この状況を解決するにはつながりを断つしかないと意を決する。**生物学上の親だというだけで、その人との精神的、あるいは社会的な絆を維持しなければならないわけではない。**

4　一人に尽くさない、人の都合に合わせない自由

つながりを断つことが必要な場合もある一方で、親にこれ以上傷つけられないよう、自分でコントロールして、効果的につながりを制限できる人もいる。すると、大事なセルフケアにもっとエネルギーを割けるようになる。

内在化タイプはいつも必死にがんばり、外在化タイプがそれを利用し続けることが多い。しかし、**相手とうまくつき合っていくためにどれだけ尽くしたかで、その人が善人かどうかが決まるのではないし、搾取し続ける人と距離を置くことは自分勝手な**

行為ではない。

5 自分を大切にする自由

自分を大切にするには、自分を思いやらなければならない（マッカロー等、2003年）。自分の感情を知り、自分に心を寄せること。

自分を思いやるのは必要なことではあるが、最初は落ち着かない感じがするかもしれない。ある女性はこんなふうに言っていた。

「子どものころに自分が経験してきたことを思い返したんです。そのとき初めて、自分がかわいそうになりました。ずっと息を詰めてきたことに気づいて、やっと吐きだせたみたいな感じでした。

今では、つらくて大変だった子どものころの自分をちゃんと考えてあげるようにしています。小さかったころの自分を思い返し、やっとあのころの自分に『かわいそうに』と声をかけてあげられたんです。そんなことは初めてでした」

自分に心を寄せ始めたときの反応は、悲しみと涙だ。ずっと尊重されずにすごしてきた子どもは、どんな感情にもまして悲しみを押し殺してきたことだろう。

著名な精神科医にして作家のダニエル・シーゲルは、その著作で、感情の持つ癒やしの力について語っている（２００９年）。シーゲルいわく、明らかになった自分の真の感情に寄り添うことができれば、人は変われる。人は、深い感情を感じることで、新しい重要な情報を処理していく。

悲しみを含めた自分の深い感情を意識することが、精神発達のための大事な作業だ。涙は、心と精神のあいだで統合がおこなわれていることを示す、物理的な印とみなしていいだろう。

自分に心を寄せる力をとり戻す機会は、断続的に、ときに強烈に訪れる。未処理の感情が一気に押し寄せ圧倒されることもあるだろう。そんなときは、心やさしい友人や専門家に助けを求め、なぐさめてもらったり、支えてもらったりしよう。

これは自然な過程であり、恐れるものではまったくない。

6 他人に共感しすぎない自由

内在化タイプは感性が豊かなので、他者の問題や、自分で想像した他者の苦しみに感情移入しすぎることがある。ときには、他者のおちいっている状況を前に、当事者本人よりもつらい思いをすることがあるかもしれない。

母親の機嫌を取るのはあなたの仕事ではない

Gさんの母親は外在化タイプで、しょっちゅう不機嫌な顔で文句を言う人だった。母親に対してどんなに心を尽くしても、なにひとつうまくいかず、Gさんは母親とのあいだに境界線を設けることにした。が、1つだけ見落としていることがあった。

ある日の治療で、彼女がこう言ったのだ。

「でも、母に気分よくなってもらいたいと思うのは、悪いことじゃないですよね？」

「悪いことよ！」わたしは思わず叫んでいた。

この考えこそが、Gさんの重たい役割――母親に対する自己犠牲の役割の中心をなすものだったからだ。**母親の気分をよくするために尽くすなど、とんでもない間違いだ。**そんなことをすれば、Gさんの感情はますます母親にからめとられてしまう。

ある晩、朝から母親宅に行ったGさんが、母親のためにと思ってがんばったことがことごとくうまくいかず、結局ストレスを溜めただけで帰ろうとしていたとき、母親がこう漏らしたという。

「会いにくるだけでいいから」

Gさんは面食らった。あんなにがんばったのに、お母さんが望んでいたのはそれだけ？

その後は、母親の言葉をそのまま受けとり、母親の心をおもんぱかって気をつかうことをやめた。するとそれだけで、母親のもとを訪れるのがつらくなくなった。

彼女は最終的に、**どうやったところで母親は幸せではないこと、けれどそれは**

母娘のどちらにとっても、そもそもどうでもよかったと理解したのだった。

7 自分のために行動する自由

精神的に未熟な親に育てられた人は、子どものときはもちろん、大人になっても無力感にさいなまれてきただろう。子どものころに経験した深刻な無力感は、トラウマになりうると認識することだ。

その無力感は大人になったときに、挫折感や「自分にできることはなにもないし、だれも助けてはくれないんだ」といった気持ちをもたらす。

繊細な内在化タイプは、こうした感情に影響を受けやすく、人の言いなりになって、自分ではどうすることもできない犠牲者意識にさいなまれることが多い。

こうした犠牲的な反応がしみついてしまったとしても、助けを求める権利、さらに重要なのは、必要に応じて何度でも助けを求め続ける権利はとり戻せる。

自分のためにとった行動は「無力感というトラウマ」を解消してくれる。

精神的に未熟な親に育てられた子どもは、人生や人間関係からごくかぎられたものしか与えられていないと思うかもしれないが、可能性が広がっていることを信じて、自分が欲するものを求めてみるべきだ。

8―自分を表現する自由

自分を表現する――自分は、自分の感情や考えを持った1人の人間として存在していると主張する――のは、自己肯定のための大事な行動だ。

精神的な成熟度を認識する際のポイントは、まず自分を表現すること。次に自分を解き放つこと。それを忘れないでほしい。

9―〝しみついたパターン〟に戻らない自由

正直に、偏見なくのぞむことで、親も素直な心で応えてくれることがある。

逆説的かもしれないが、**親に変化を求めるのをやめれば、親は心を開いてくれるだろう。**

子どもがしっかりしてきて、もう親の助けは必要ないと思えば、親は軟化するかもしれない。親の関心を引こうとするのをやめれば、親の激しかった感情がおだやかになることもあるだろう。

親にとって耐えがたいレベルの親密さを求めるのをやめることで、親がおびえる要素がなくなり、分別と思いやりのある、まるで別人のような態度で応じてくることがある。

「親になにも望まない」＝「自由が手に入る」

子どもが、精神的に未熟な親からなにかを望むとき、両者の関係はこの上なくしんどく重たいものになる。

ネグレクトされてきた子どもの多くは、大人になっても、精神的かかわりを親から得たいと望み続ける。親がそういうタイプではないにもかかわらず、だ。

自分が親を必要としているのか、あるいは、親を必要とする自分を親が必要としているのか。一歩引いて自問するのは、なかなか勇気のいることかもしれない。だが、「家族」という役割やファンタジーがなかったら、あなたの親は、子どもがなにかを望めるような相手ではないのかもしれない。

だからしっかり考えること。本当に親になにかを望んでいるのは今の自分なのか、それとも、かなわなかった子どものころの望みの名残なのか、と。

「相手は、今の自分が望むものを本当に与えてくれる人だろうか」

これは、パートナーであれ、友人であれ、親戚であれ、精神的に未熟な人とつき合う際にやってみるべき重要な問いかけだ。

たまたま相手が提供している関係性を、自分は心から楽しんでいないのに、その人との関係を切望している、と信じこんでいるだけなのかもしれないのだから。

10

「本当に大切にすべき人」の見極め方

「ネガティブなメガネ」をはずす

前章では、精神的な自由のとり戻し方についてみてきた。親や他者との関係において本当の自分を尊重し自分のために行動すること、だった。

本章では、たがいに満足のいく関係を築ける、精神的にじゅうぶん成熟した人の見極め方について学んでいこう。人間関係における新たな考えをどうやって身につけていくかについても述べていきたい。

残念ながら、**精神的に未熟な親に育てられた子どもたちは、人間関係が自分の人生を豊かにしてくれるという考えに懐疑的だ。**むしろ、すばらしい人間関係など夢物語にすぎないと考えがちだ。

だから概して、他者が自分に本気で関心を持ってくれることなどない、と不安を抱えている。こうした否定的な考えのせいで、精神的な孤独はいつまでもなくならない。だが、それは間違いだと気づきさえすれば、変えていくことができる。

古いパターンの誘惑

ジョン・ボウルビィは言っている（1979年）。すべての人間が、「親しさ」を安全とみなす原始的な本能を有している、と。

精神的に未熟な親に育てられた子どもは、自己中心的で他者をいいように利用する人間に無意識のうちに親しみを覚えているかもしれない。

わたしが治療している虐待されてきた女性患者の多くが明言しているのだが、**彼女たちは、いわゆる「精神的なイケメン」には引かれてこなかったそうだ。**

一様に、やさしくて思いやりのある男性は退屈だと言う。つまり、不幸なことに、相手が自分勝手で支配的でないと魅力を感じなかったのだ。

彼女たちは、自分中心の男性を前にすると心がときめくのだろう。しかし、それははたして本心からの好意だろうか、それとも、自分のことしか頭にない相手に、子どものころの不安の名残を反映させているのか。

ジェフリー・ヤングらが開発したスキーマ療法（ヤング、クロスコ、1993年）の理論に、強烈なカリスマ性のある人がきっかけで、かつての否定的な家族のパターンに戻ってしまう、というものがある。こうした瞬間的な化学反応は、子ども時代の自滅的な役割が水面下でふたたび頭をもたげだしたことを示す危険な兆候の可能性があると、ヤングは警告している。

だが本章を読めば、その流れをいい方向に変えていけるだろう。大事なのは、新たに身につけた観察力を使うことだ。

「精神的に成熟した人」とはどういう人か

ここから先の各項では、精神的に成熟した人を認識するためのポイントを示していく。それに従えば、古いパターンを無意識のうちにくり返すことなく、次にあげる前向きな特徴を持った人とのつながりを意識的に選んでいける。

デートの相手を選ぶときも、新しい友人をみつけるときも、就職の面接でも、これらのチェックリストを活用すれば、対面であれオンラインであれ、長くつき合っていける人を見極められる。

もちろん世の中に完璧な人などいないのだが、少なくともたがいを疲弊させるのではなく、豊かにしていく人間関係を築いていけそうなすばらしい人は、次のような特徴を備えている。

□**現実的で信頼できる**

何ものにも代えがたい健全さの基本だ。この特徴を、家に当てはめて考えてみるといい。構造がしっかりしていなければ、壁の色がどうだなどとは言っていられないだろう。いい人間関係は、しっかりと設計された家のようであるべきだ。

□**現実に抗わず、うまく折り合いをつけている**

現実を現実のままに受け入れ、「こうあるべき」という考えに過剰に執着せず、問題を見極めて解決しようと努力する。

□**感じることと考えることが同時にできる**

たとえ動揺しながらも、考えることができるので、しっかりと議論でき、問題も解決していける。

□ **ぶれないから信頼できる**

強い自己を持っていて、内面もぶれないので、安心して信頼できる。

□ **すべてを個人的な攻撃と受けとったりしない**

かんたんに気分を害さない。自分の短所を冷静にみることができる。完璧主義者ではない。自分も他者も、人はだれしも間違いをおかすものと考え、今できることに最善を尽くす。

□ **思いやりを持ち、自分も相手も大事にする**

他者を、尊敬に値する個人として公平に扱う。

□ **相手との境界線を尊重する**

求めているのは、つながりと親密さであって、あなたの境界線内にズカズカ押し入られることではない。相手の人格を尊重し、感情や境界線を大切にしながら理解してくれる。

子どものときに、精神的に未熟な親からネグレクトされてきた人は、余計な分析をされたり望まない忠告をされたりしても、自分さえ我慢すればいいと思うかもしれない。しかし、**あなたに関心があっての忠告ではなく、ただコントロールしたいための忠告であるかもしれないと気づいてほしい。**

「持ちつ持たれつ」の力

公平でありながら、おたがいが幸せになること。それがいい関係の核だ。精神的に成熟した人は、利用したりされたりするのを嫌う。彼らは相手の役に立ちたいと思っているし、喜んで時間を費やしてもくれる。だが、彼らが必要とするときには、関心を向け、力を貸してもらいたいと考えている。

□融通がきいて、きちんと歩み寄れる

精神的に成熟した人は、融通がきき、公平であろうとし、観察力にも秀でている。ポイントは、こちらが計画を変えなければならないときの反応だ。相手は、それが個

人的な理由での拒否なのか、予期しない出来事のためなのかを見極めてくれるだろうか。不満を示すのではなく、がっかりしていることを伝えてくれるだろうか。精神的に成熟した人なら概して、善意に解釈し、受け容れてくれる。

妥協は、たがいが犠牲になることではない。たがいの望みのバランスをとることだ。いい妥協なら、自分の望む以上のものが得られたと双方が思うだろう。精神的に成熟した人と交渉する際の妥協は、苦痛ではなく楽しいものだ。

彼らは気配りもでき、筋の通った考え方をするので、いっしょに解決策を探っていくのはワクワクする。こちらに不満が残るのをよしとしない。共感力があるので、こちらが結果を快く思わないと、気持ちが落ち着かない。ちゃんと満足してもらいたいからだ!

□気分にムラがない

すぐにカッとなればなるほど、相手との関係は悪くなる。最初から苛立ちを隠そうともしない相手は要注意だ。情にとぼしく、権利意識が強いことを示している。怒りの表現は千差万別だ。成熟した人ほど早く克服する道を探そうとする。

□**影響されることを厭わない**

精神的に成熟した人は確たる自我を持っている。他者が自分とはちがう考え方をしても動揺しないし、知らないことがあっても、引け目を感じることもない。ジョン・ゴットマンらはこれを、他者に影響されることを厭わない特徴と述べ、幸せな関係がずっと続いていくための原則の1つにあげている（1999年）。

□**嘘をつかない**

嘘をつかないのは信頼の基本であり、その人の誠実さのレベルを示すものだ。加えて、他者の経験を尊重することでもある。

□**あやまり、償いをする**

精神的に成熟した人は、自分の行動に責任を持ちたいと考えていて、あやまる意志もある。

あなたに傷つけられた、失望した。そう告げたときの相手の反応を観察しよう。自己弁護に終始するだけか、それとも変わろうとするだろうか。こちらをなだめるためだけの謝罪か、それともこちらの気持ちを理解して、気にかけてくれているだろうか。

反応力

これまでに述べてきた基本的な特徴がすべて当てはまったら、次は、それを踏まえて、人間関係に温もりを添えてくれたり、楽しくしてくれたりする人を求めたくなるだろう。

□相手を安心させてくれる共感力

共感力は、人間関係に安心感をもたらす。自己認識とともに、人間関係をきちんと維持していくための本質である（ゴールマン、1995年）。

自分の内なる経験に興味を持ってくれる人と話ができるのは、どんなにすばらしいだろう！　自分の内側にある深い感情に相手が共感してくれるなら、理解されたという気持ちになれる。

精神的に成熟した人は、相手の話を喜んで聞き、相手を知ろうとする。話したことを覚えていてくれ、先々そのことに言及することもある。相手の個性を大事にし、興味を持つ。

彼らは相手をしっかりと認識し、相手の心を豊かな記憶で満たしてくれる。相手の長所に言及することも多いし、相手を信頼するほど、親密なコミュニケーションを深め、自分の内なる世界をもみせてくれるようになる。

これらは、かつて精神的にネグレクトされてきた人にとっては、まったく新しい、心ときめく経験かもしれない。

□なぐさめるのもなぐさめられるのも好き

精神的に成熟した人は、ストレス下では自然に人をなぐさめたりなぐさめられたりすることの大切さを知っている。思いやりと、人の親身な支えがどれほど力になるかがわかるのだ。

□自分の行動を省みて、変えようとする

自身やその行動を省みることができる。人が精神的な影響をおよぼし合うことを

はっきりと理解している。

□声をあげて笑い、陽気

ユーモアたっぷりの反応は相手を楽しくさせるし、非常に適応力の高い対処メカニズムでもある（ヴァイラント、2000年）。精神的に成熟した人にはユーモアセンスがあり、ストレスにも前向きに対処できる。笑いは万人に平等に与えられたものであり、支配欲も従属欲も手放させる力がある。

□いっしょにいると楽しい

これは満ちたりた人間関係には欠かせない特徴だ。この人だと思った決め手は「たとえスーパーに行くだけでも、彼といると楽しい」ということだったりする。

オンラインでの出会いのポイント

これまで述べてきた特徴は、オンラインデートやSNSにも当てはまる。実際、オンラインでのやりとりは、相手の精神的な成熟度を明らかにするいい機会だ。それには、自己紹介や、メールを読むといい。

中には書くことに秀でた人もいるが、個人が書くものであれば何であれ、その人の考え方や価値観、もっとも関心を寄せていることがみえてくる。相手の書いたものを読むことで、自分がどんな気持ちになるかもわかる。電話もしかりで、表情がわからないぶん、相手の言葉をしっかり観察できる。

それらを参考に、相手のタイミングやペースをどう感じるか、自分に問いかけてみる。

自分の領域は尊重してくれているだろうか。たがいを知り合いたいと思うペースは早い？　遅い？　すぐに親密になってプレッシャーを感じている？　まだよく知らないのに、期待をかけられている気がする？　相手はちょっとよそよそしくて、自分ががんばらないとコミュニケーションがとれない？　この前送ったメールのことを話題にするだろうか、それともすぐに自分のことを話し出すだろうか。こちらの考えを理解しようと質問してくれて、会話が弾むだろうか？　気は合う？　合わない？

自己紹介やメールやメッセージを読んだら、相手の印象をさっとメモしよう。こう

することで、自分の本能的な反応に意識を向けていけるようになる。しかも、直接顔を合わせてやりとりするプレッシャーがないので、気楽にできる。

精神的に成熟した人を見極めていくには、自分の反応を観察する力も欠かせないが、その練習にぴったりなのがオンラインでのコミュニケーションだ。

Check List

相手の精神的な成熟度を見分ける

これまで述べてきた特徴をまとめたのが、次のチェックリストだ。相手は、自分の望むような関係をつくっていけるだろうか。

◆現実的で信頼できる

□現実に抗わず、うまく折り合いをつけられる
□「感じること」と「考えること」が同時にできる
□ぶれないから信頼できる

□すべてを個人的な攻撃と受けとったりしない

◆尊敬できて、たがいを思い合える

□相手との境界線を尊重できる
□持ちつ持たれつの精神
□融通がきいて、きちんと歩み寄れる
□気分にムラがない
□影響されることを厭わない
□嘘をつかない
□謝罪や償いができる

◆反応力

□相手を安心させる共感力がある
□見守ってくれる、わかってくれるという気持ちを抱かせてくれる
□人をなぐさめるのもなぐさめられるのも好き

□自分の行動を省みて、変えようとする
□声をあげて笑い、陽気である
□いっしょにいると楽しい

こうした特徴を持っている人とは、心からのつながりを築いていける。

みずから成長する勇気

精神的に成熟した相手を見極められるようになったら、次はいよいよ、充実した人間関係というパズルを完成させる最後のピース――「自分の言動」である。

この最後の項では、「自分を変える」ことについてみていこう。自分の望む人間関係を維持していくには、みずからも精神的に成熟していくことが大切なのだ。

Check List

人間関係のつくり方をみなおす

精神的に成熟するために、自分はどんなことができるだろうか。よく読んで、自分にとっての新しい行動、考え、価値観を選び、実践してほしい。実践する際は一度に1つか2つにし、すぐにできないからといって自分に厳しくしないこと。実践がことのほか難しいものもある。

◆進んで助けを求める

□必要なときはいつでも人に助けを求める

□たいていの人は、できることであれば喜んで助けてくれる。それを忘れないでいる

□親密なコミュニケーションを介して、しっかり自分の望みを伝える。その際、自分の気持ちや、なぜそれを望むのかもきちんと伝わるように説明する

□自分が頼めば、たいていの人は耳を傾けてくれると信じる

◆相手に受け入れてもらえても、もらえなくても、自分自身でいる

□自分の考えをはっきりと丁寧に伝えるときは、相手がどう受けとるかをコントロールしようとしない

□自分が持っている以上のエネルギーを注がない

□相手を喜ばせようとするのではなく、自分の本当の気持ちを伝える

□嫌々受け入れて、あとで腹を立てて文句を言いそうだと思ったら、断る

□ひどいことを言われたら、べつの考えを示す。相手の気持ちを変えようとせずに、その発言をなかったことにもしない

◆精神的なつながりを維持し、感謝する

□「この人は」と思う大切な人とはつながりを断たず、電話やメールをもらったら必ず返事をする

□自分は、助けたり、助けてもらったりするに値するしっかりした人間だと考

える

□相手の言っていることが「正しく」なくても、自分を助けてくれようとしているかどうかだけを考える。相手が努力してくれることで、自分の心が豊かになると思うなら、きちんとお礼を言う

□相手にイライラしたら、自分たちの関係をもっとよくするために何を言えばいいかを考える。時間をおいて頭を冷やしてから、相手が自分の感情に耳を傾けてくれる意志があるかをたずねる

◆自分に対して無理のない期待をする

□いつも完璧でいる必要などないと心に留めておく。完璧にこなすことを考えるより、とにかくとりかかる

□疲れたら、休んだりほかのことをしたりする。がんばりすぎたら、体のエネルギーのレベルが教えてくれる。我慢しない

□間違えても、人間だから仕方がないと考える。物事は予想もしなかった結果になるものだ

□だれもが自分の感情や、自分の欲求を伝えることに責任を持っていることを忘れない。常識の範囲を超えて他者の望みを推し量るのは自分のすべきことではない

◆自分が望むことは、わかりやすく積極的にコミュニケーションをとる

□自分から言わなければ、自分の欲求は相手にはわからない。気持ちを自然に察してもらえるわけではない

□身近な人に心をかき乱されたら、そのつらさを利用して、自分の心の奥底にある欲求を明らかにしていく。それから、その欲求を相手にどうやったら満たしてもらえそうかを、わかりやすく、親密なコミュニケーションを介して伝えていく

□心が傷ついたら、まずはその理由を考える。過去の経験が引き金となったのだろうか。それとも相手が自分の気持ちをわかってくれなかったからだろうか

□相手に心を寄せること。ただし、相手が同じように心を寄せてくれなければ、

もっと思いやりを持って接してほしいと伝える。あとは相手しだいだ

□はっきりした答えが得られるまで、何度でも問いかける

□親密な関係でも疲れることはある。そんなときは「またべつの機会にしませんか」と丁寧に提案する。自分の状況をきちんと説明しよう

ここまで読み進んできたあなたは心がずいぶん軽くなっていることだろう。

人間関係においても積極的に自分を表現していける。

自分を大切にでき、精神的な孤独からも解放される。

精神的に未熟な親のせいで、自分を受け入れることも、気持ちを表現することもはばまれ、心からの親密さを望むことも難しかったかもしれない。だが大人になった今はちがう。あのころの自分に引き戻すものは、もう何もないのだ。

あなたには精神的な強さと、人とのつながりを築いていける力があるということを忘れないでほしい。

もっともっと幸せな人間関係を手にしていくためのカギは、成熟したあなた自身の内側にあるのだから。

参考文献

Ainsworth, M. 1967. *Infancy in Uganda: Infant Care and the Growth of Love.* Baltimore, MD: Johns Hopkins Press.
M・エインスワース、S・ベル、D・ステイトン共著、１９７１年
「１歳児にみる奇妙な状況下での行動における個人差」
The Origins of Human Social Relations H・R・シェファー編、ニューヨーク、アカデミック・プレス
M・エインスワース、S・ベル、D・ステイトン共著、１９７４年
「乳児と母親の愛着および社会性の発達：合図に対する互恵的反応性の産物としての『社会化』」
The Integration of a Child into a Social World M・リチャーズ編、ニューヨーク、ケンブリッジ大学プレス
Bowen, M. 1978. *Family Therapy in Clinical Practice.* New York: Rowman and Littlefield.
Bowlby, J. 1979. *The Making and Breaking of Affectional Bonds.* New York: Routledge.
Cloud, H., and J. Townsend. 1995. *Safe People: How to Find Relationships That Are Good for You and Avoid Those That Aren't.* Grand Rapids, MI: Zondervan Publishing.
E・コンラット、J・ハーゼル、J・アブロウ共著、２０１３年
「貧困、問題行動、そして可能性：貧困家庭で育てられる乳幼児にみる感受性のちがい」
Psychological Science 24巻（３号）：２３５〜２４２ページ
Dabrowski, K. 1972. *Psychoneurosis Is Not an Illness.* London: Gryf.
Dalai Lama, and P. Ekman. 2008. *Emotional Awareness: Overcoming the Obstacles to Psychological Balance and Compassion.* New York: Henry Holt.

E・H・エリクソン著『幼児期と社会』仁科弥生訳、みすず書房、１９７７年

H・エズリエル著、１９５２年「精神分析の集団療法にかんする覚書：Ⅱ 解釈と研究」
Psychiatry 15巻（２号）：１１９〜１２６ページ

Firestone, R., L. Firestone, and J. Catlett. 2002. *Conquer Your Critical Inner Voice*. Oakland, CA:
New Harbinger.

P・フォナギー、M・タルジェ共著、２００８年
「愛着、トラウマ、精神分析：精神分析と神経科学の接点」*Mind to Mind: Infant Research, Neuroscience, and Psychoanalysis* E・ジュリスト、A・スレード、S・ベルグナー編、ニューヨーク、アザー・プレス

ダイアナ・フォーシャ著『人を育む愛着と感情の力：AEDPによる感情変容の理論と実践』
門脇陽子、森田由美訳、福村出版、２０１７年

H・フラード著「感情の分野におけるハードワーク」
Journal of Psychohistory 35巻（３号）：２７０〜２８６ページ

Gibson, L. 2000. *Who You Were Meant to Be: A Guide to Finding or Recovering Your Life's Purpose*.
Far Hills, NJ: New Horizon Press.

ダニエル・ゴールマン著『EQ：こころの知能指数』土屋京子訳、講談社（講談社+α文庫）、１９９８年

ローレンス・ゴンサレス著『緊急時サバイバル読本：生き延びる人間と死ぬ人間の科学』
中谷和男訳、アスペクト、２００４年

ジョン・M・ゴットマン、ナン・シルバー共著『結婚生活を成功させる七つの原則』
松浦秀明訳、第三文明社、２００７年

K・E・グロスマン、K・グロスマン、A・シュワーン共著、１９８６年

「愛着をより広い観点から整理する：エインズワースの奇妙な状況テストの再分析」*Measuring Emotions in Infants and Children* ２巻、Ｃ・イザード、Ｐ・リード編、ニューヨーク、ケンブリッジ大学プレス

Ｅ・ハットフィールド、Ｒ・Ｌ・ラプソン、Ｙ・Ｌ・リー共著「情動感染と共感」*The Social Neuroscience of Empathy* J・デセティ、W・アイクス編、ボストン、ＭＩＴプレス

Kohut, H. 1985. *Self-Psychology and the Humanities.* New York: W. W. Norton.

Libby, E. W. 2010. *The Favorite Child: How a Favorite Impacts Every Family Member for Life.* Amherst, NY: Prometheus Books.

M・メイン、N・カプラン、J・キャシディ共著「幼児期、小児期、成人期における安全性：表象レベルへの移行」*Growing Points of Attachment Theory and Research* Ｉ・ブレサートン、Ｅ・ウォーターズ編、子ども発達研究会小論、50巻：66〜１０４ページ

McCullough, L., N. Kuhn, S. Andrews, A. Kaplan, J. Wolf, and C. Hurley. 2003. *Treating Affect Phobia : A Manual for Short-Term Dynamic Psychotherapy.* New York: Guilford.

McGilchrist, I. 2009. *The Master and His Emissary: The Divided Brain and the Making of the Western World.* New Haven, CT: Yale University Press.

Piaget, J. 1960. *The Psychology of Intelligence.* Totown, NJ: Littlefield, Adams.

Porges, S. 2011. *The Polyvagal Theory: Neurophysiological Foundations of Emotions, Attachment, Communication, and Self-Regulation.* New York: W. W. Norton.

アル・シーバート著『「逆境に負けない人」の条件：「いい加減さ」が道を開く』林田レジリ浩文訳、フォレスト出版、２００５年

Ｄ・シーゲル著、２００９年「統合としての感情」

参考文献

The Healing Power of Emotion: Affective Neuroscience, Development, and Clinical Practice D・フォーシャ、D・シーゲル、M・ソロモン編、ニューヨーク、W・W・ノートン

ベンジャミン・スポック、マイケル・ローゼンバーグ共著『最新版　スポック博士の育児書』暮しの手帖翻訳グループ訳、暮しの手帖社、1997年（邦訳初版は1966年刊行）

E・トロニック、L・B・アダムソン、T・B・ブラゼルトン共著、1975年「正常時および混乱時の相互作用における乳幼児の感情」コロラド州デンバーにて4月に開催された子ども発達研究会隔年会合にて提出された論文

G・ヴァイラント著、2000年「適応精神メカニズム：ポジティブ心理学におけるその役割」*American Psychologist* 55巻（1号）：89～98ページ

マイケル・ホワイト著『ナラティヴ実践地図』小森康永、奥野光訳、金剛出版、2009年

D・W・ウィニコット著『改訳　遊ぶことと現実』橋本雅雄、大矢泰士訳、岩崎学術出版社、2015年

ジェフリー・E・ヤング、ジャネット・S・クロスコ共著『自分を変えれば人生が変わる：あなたを困らせる10の〈性格の癖〉』鈴木孝信訳、金剛出版、2018年

＊原書に掲載されている参考文献は、次のURLからPDFファイルをダウンロードできます。
https://str.toyokeizai.net/books/9784492224106/

親といるとなぜか苦しい
「親という呪い」から自由になる方法

2023年6月6日　第1刷発行
2023年6月28日　第2刷発行

著　者――リンジー・C・ギブソン
監訳者――岡田尊司
訳　者――岩田佳代子
発行者――田北浩章
発行所――東洋経済新報社
〒103-8345　東京都中央区日本橋本石町1-2-1
電話＝東洋経済コールセンター　03(6386)1040
https://toyokeizai.net/

装　丁…………アルビレオ
カバーイラスト……有栖
印　刷…………図書印刷
編集協力………リリーフ・システムズ
編集担当………能井聡子
Printed in Japan　　ISBN 978-4-492-22410-6